Dear Yukiko,

Congratulations on successfully graduating from English Boot Camp's 2 Day Program!

Now your mission is to use your English and work to achieve your dreams. Remember the 5 tools and the confidence you gained here.

英語の勉強は後まわし！
"カタチ"から入る ビジネス英会話

Norihito Kodama
児玉教仁

ダイヤモンド社

はじめに
足りないものは英語力ではなく伝える技術

　英会話の90%を理解するために必要な英単語数は900語という
リサーチがあります。ちなみに私たちが日本の学校で習う英単語
数は中学校で最低1200前後、高校では3000〜5000前後と言われ
ています。そう考えると900語なんて大したことないと思えてき
ます。日本の学校に通った私たちは、すでに相当量の英語の知識
を蓄えているとも言えます。もっと言うと、本来であれば、これ
までの蓄えで英会話もそこそこいけるのでは？　という素朴な疑問
がわいてきます。本当に私たちは英語が苦手なのだろうか、とい
うことですね。

　実際、僕たちはビジネス英会話力を急速に開発することを目的
として、これまで4年間で1000人以上の日本人ビジネスパーソ
ンの方々と真剣に向き合ってきました。

　英語に強い苦手意識を持った方、昔から英語が大嫌いな方、基
礎英語力にからっきし自信がない方など、さまざまな「英語が喋
れない」方々でした。

　そして、僕たちがそれぞれの方からいただいた時間はたったの
2日間。そんな方々に、超短期間で「喋れた」「英語が口をつい
て出るようになった」とビジネス英会話に大きな自信を得てもら
うために必要だったものは、ずばり、英語力の増強ではありませ
んでした。

　では、何が必要だったのか。

僕たちがたどり着いた考察は、大きく2つあります。

（1）基礎英語力は意外に低くてもよい

ビジネスで英会話を開始するための英語の知識（基礎英語力）は意外に低くてもこと足りる。TOEIC350程度、あるいは高校卒業レベルの英語力さえあれば十分。短期間で英会話力を引き上げるには、新たな英語の知識を詰め込むよりも、いまある英語の知識を瞬時に呼び出す訓練を積むほうがよっぽど有効。

（2）会話における伝達の技術が必要

英会話というと英語力の向上に集中しがちだが、会話の技術もきわめて重要。そもそも英会話は、非母国語という不完全な言語でのやり取りであり、さらに相手は文化的背景やコミュニケーションスタイルの違う異文化の人。つまり、不自由な言語での異邦人との対話。であれば、それを成り立たせるための伝達の技術を徹底的に鍛えるのがカギ。

この上記2つの領域のものの重要性を理解し、目に見える「型」、つまり、会話の〝カタチ〟として体得することがカギだったのです。

▶もう難しい英単語を覚える必要はない

たとえば、単純なところではアイコンタクト。驚くほど多くの日本人が英語を喋り始めたとたんに相手から目をそらします。考えながら手元を見つめたり、天井を見たり。なるべく相手から視線をそらします。

はじめに

　ご注意ください。英語圏では目をそらすことは、自信がない、何かを隠している、不誠実ととらえられることがあります。「この人、おどおどしているし何か隠していそう。しかも不誠実」と思われたら、会話が始まる前に負けです。相手の聞く気が薄れていれば、いくら頑張っても伝わりません。伝わらないことは焦りにつながり緊張度が増します。頭は真っ白になり、知っているはずの単語すら出てこない。さらに焦って会話は上滑り。次回からはさらに緊張してダダ滑り。「やっぱり英語は喋れない。苦手である」という負のサイクルにはまってしまいます。

　そうであれば、新たに難解な単語を100個覚えるより、アイコンタクトの練習をしたり、それでもアイコンタクトが苦手な人にはアイコンタクトの「誤魔化し方」を学んで、アイコンタクトが機能している状態にもっていくほうがよっぽど有効です。相手が、「この人、自分の眼を射抜くように真剣に見詰めている」と感じるだけで、あなたに好感と興味を持ち、あなたの話を真剣に聞き始めるでしょう。多少英語を間違えたとしても関係ありません。あなたの英語は熱を帯び、ビシビシと伝わり始めます。あなたの自信も増し、さらに英語が少しずつ口をついて出始めることでしょう。つまり、異文化コミュニケーションにおけるアイコンタクトの役目を理解し、それを "カタチ" として体に染み込ませるだけで「伝わる」にぐんと近づくのです。

▶ 通じないのは会話スタイルの違い

　また、もう少し複雑なところですと「文脈（コンテキスト）」の問題もあります。日本は世界でも稀に見る「高文脈（ハイコン

テキスト）文化」と言われています。

　大雑把に言うと、どの国や地域でも、会話というものはわざわざ言葉には出さないさまざまな暗黙の了解（＝文脈）のうえに成り立っています。たとえば、日本人同士の会話では「大阪のおばちゃんっぽい」とひとこと言うだけで、すさまじい量の情報が伝達されます。わざわざ説明しなくても、言語が示す「大阪という地域に住む中年の女性」という情報以上のものが伝わります。たとえば「関西弁で機関銃のように喋る、押しの強い、元気で憎めない女性」といったイメージが連想されるかもしれません。この、言葉に出さなくても暗黙のうちに共有していて相手に伝わる情報が「文脈」です。そして、そんな「文脈」がやたら多いのが「高文脈文化」の日本と言われています。暗黙の了解がたくさんあるので「阿吽の呼吸」で全部言わなくてもわかる。つまり、「1」言えば相手が「10」察してくれる社会が日本なのです。

　ところが、この慣れ親しんだ日本の文脈は、英会話になったとたんに効力を失います。文脈を共有していないアメリカ人に「like a middle-aged woman from Osaka（大阪の中年女性っぽい）」と言っても、意図するところはまったく伝わらないでしょう。積極的に「そもそも大阪っていうところは……」と丁寧に説明しない限り、本当に伝えたいイメージは届きません。

　つまり、究極的には、私たちにとっての英会話とは「『1』言えば『10』わかってくれる世界」から、「『10』伝えるためには『100』説明しなければならない世界」への大転換です。これは天と地がひっくり返るような変化です。会話のスタイル自体を完全に変える必要がありますし、文脈が低い中でもキチンとモノを伝えていく技術を「型」として体得していくことが必要です。

はじめに

　この英会話にまつわる伝達の技術は、不思議とこれまであまり注目されてきませんでした。

　1つには、やはり日本の英語教育が基礎英語力の向上重視だったからかもしれません。もし、「基礎英語力が上がれば自然と通じるはず」という前提があるとしたら、少しナイーブな気がします。後で詳しく見ていきますが、実践では、いくら基礎英語力が高くても、伝達の技術がなければなかなか通じません。**TOEIC 900 あっても喋れない人がざらにいる**のはこのせいです。逆に、伝達の技術を身につけると英語というものがずいぶんと違うものになります。なにせ簡単な英語の知識があれば、ほとんどの意思疎通ができるようになるのですから。

　冒頭でも触れましたが、私たちは十分すぎるほど英語を勉強してきています。ですので、必要最低限の訓練で絶対に短期間で喋れるようになります。

　必要なのは、たった2つ。

（1）英語を瞬時にひねり出す技術
（2）伝達の技術

　これらの技術の重要性を理解し、それを目に見える「型」として、「会話の"カタチ"」としてとらえ重点的に自分のものにしていくのです。
　では、早速見ていきましょう。

"カタチ"から入るビジネス英会話 ● 目次

はじめに──足りないものは英語力ではなく伝える技術 … 003

1 相手を動かすのがビジネス
【会話の前に】

1 とりあえず英語の勉強をやめてみる … 014

2 英会話は暗記のゲームではなく発想のゲーム … 020
　実践編　セカンドベストをつくり出せ! … 024
　実践編　セカンドベストの練習方法 … 026

3 TOEIC350あればビジネス英会話は開始できる … 028
　実践編　New General Service List抜粋 … 032

4 ジーッと音が鳴るくらい相手の目を見続ける … 034
　実践編　アイコンタクトの極め方 … 038

2 英語力に関係なくまずは堂々と
【会話を始める】

5 弱い自己紹介は自分を小物とアピールしているようなもの … 042
　実践編　最強の自己紹介の5段階 … 046

6 握手は格闘技。ギュッと音が鳴るくらい握り込む … 048

実践編　相手をうならせる握手の仕方 … 052

7　最高の笑顔は、最強の防御策！ … 054

実践編　笑顔の練習とフレーズ … 058

8　中学で習うあの挨拶は一番役に立たない … 060

実践編　How are you?への返し方 … 064

9　名刺交換を武器にする … 066

実践編　正しい名刺の渡し方・受け方 … 070

10　廊下ですれ違うときは、「ハイ」ではなくて「ジョージ」 … 072

実践編　名前を呼ぶときに似合うフレーズ … 076

11　相手の話には、ブンブン音が出るくらいうなずく … 078

実践編　「うなずき」を使い分ける … 082

3 英語を話すのではなく会話する
【会話を続ける】

12　ちゃんと聞いていることを、声で表現する … 086

実践編　相手を乗せる強力な相づち … 090

13　手を自由にすれば大きな声が出る … 092

実践編　自信のある大きな声への工夫 … 096

14　ドラマの主人公のようにボディーランゲッジ … 98

実践編　ボディーランゲッジを極める … 102

15　単語がすぐに出てこないときは、とにかく音を出す … 104

実践編　考えているときの効果音の出し方 … 108

4 普段よりも少し大げさに振る舞う【相手を乗せる】

16 聞き返すのは失礼ではない。積極的に聞き返す … 112

実践編　聞き返すときのフレーズ集 … 116

17 オープン・クエスションは生煮えでいいから出してしまう … 118

実践編　オープン・クエスションへの返し方 … 122

18 シンプルで短い文ほど美しい … 124

実践編　文章を分解し、短くする技術 … 128

19 会話の構造に目を向けると断然伝わり度が増す … 130

実践編　結論を先に！エレベーターピッチ話法 … 134

20 英語が下手だからこそ、常にこちらから話す … 136

実践編　質問と提案を使いこなす話し方 … 140

21 話題がなければコンシェルジェごっこに持ち込む … 142

実践編　コンシェルジェになる話し方 … 146

22 必ずメモ帳を持ち歩く … 148

実践編　最強のメモ帳の使い方 … 152

23 質問を積極的に受ける … 154

実践編　質問を誘発する仕掛け … 158

5 英語であろうと、相手は人間である【わかり合う】

24 すべての人に「お先にどうぞ」の精神でリスペクトを … 162

　　実践編 「お先にどうぞ」のフレーズ集 … 166

25 英語が苦手だから、パッションを押し込むことができる … 168

おわりに──英語は「そのうち」うまくなればいい … 172

★【実践編】で紹介する英文には、**ビ**と**カ**の印があります。**ビ**は公式のビジネスで使う表現で、**カ**はカジュアルな場で使う表現です。

★本書の【実践編】で紹介する英文の音源（ストリーミング）は下記のサイトにあります。他にも言葉ゲームやNGSLを使った簡易英単語力テストなども用意しております。ぜひご覧になってください。

http://katachi-eikaiwa.com

1

相手を動かすのが
ビジネス

【会話の前に】

Before the conversation

KATACHI for conversation

1 とりあえず英語の勉強をやめてみる

▶こつこつ勉強を続けても、喋れる日はこない

多くの英語学習者の方は、「このまま英語の知識を積み上げれば、英語を堂々と喋れる日がいつかくる」と想像しています。僕たちが感じていることは少し違います。単なる英語の知識の積み上げの延長上には「英語が喋れた！」はないということです。

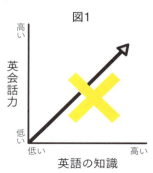

図1

相手を動かすのがビジネス【会話の前に】　*1*

　僕たちはいま、英語力開発について次のように考えています。

　英会話はコミュニケーションですので、僕たちは、図2のように常に「英会話」を言語そのものの習得度（英語の知識）の部分の「英」と、言語以外の対人の会話のスキルの部分の「会話」に分けて考えています。

図2　有効な英会話のとらえ方

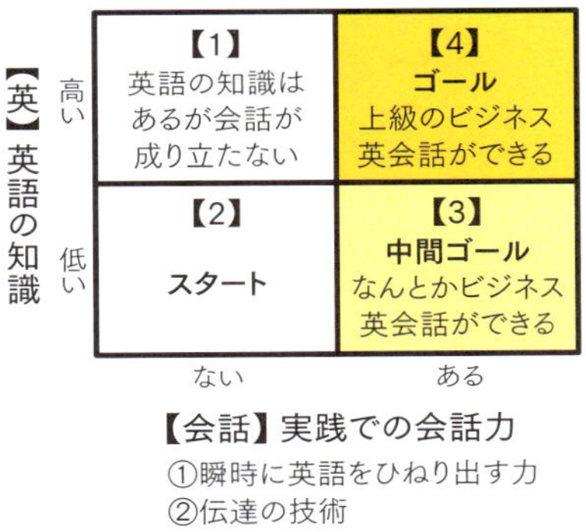

【英】英語の知識	高い	【1】英語の知識はあるが会話が成り立たない	【4】ゴール上級のビジネス英会話ができる
	低い	【2】スタート	【3】中間ゴールなんとかビジネス英会話ができる
		ない	ある

【会話】実践での会話力
①瞬時に英語をひねり出す力
②伝達の技術

（1）英語の知識（英）だけあっても伝わらない

　図2のとおり、英語の知識（英）だけ高くてもビジネス英会話は難しいと考えています。なんとか英会話が成り立つ状態（【3】か【4】）にいくには、英語の知識よりも、むしろ「実践での会話力」が必要と考えています。

　人のコミュニケーションは図3のように要約できるかと思います。

図3

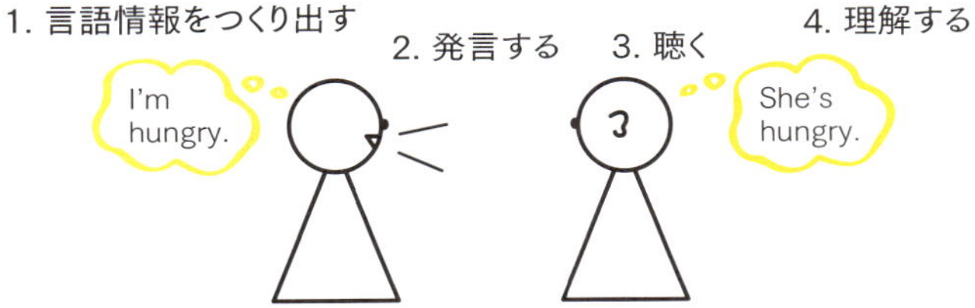

1. 言語情報をつくり出す　　2. 発言する　　3. 聴く　　4. 理解する

I'm hungry.

She's hungry.

KATACHI for conversation
1

「英」の部分、つまり英語の知識とは、１.の言語情報をつくり出す部分がほとんどです。「お腹がすいているなぁ」と感じている心の中を相手と共有するために、まずは、「I am hungry.（お腹すいた）」という文字情報をつくり出すところですね。自分の考えが英語という形式の文字情報（アルファベット）に置き換えられるところです。基礎英語力とはまさにここにフォーカスしていますし、英語の筆記テストであれば、ここさえ完璧にできればOK。「英」の知識だけあれば勝てる世界ですね。たとえば、TOEICはまさにこの世界です。

しかし、実際の英会話は違います。まず、テストのときのようにじっくりと「何て言おう」と吟味する時間はありません。うーん、と考えているうちに会話の相手はどこかへ行ってしまいます。したがって、瞬時に言語情報をつくり出す力が必要です。いくら大量の英語の知識をストックしていても、それが瞬間的にひねり出せないようでは実践では使えないのです。

そして、たとえパッと言いたいセンテンスをつくり出せたとしても、さらに、ここからが大変です。その言語情報を発言し（２）、相手に聴いてもらい（３）、最終的には相手が理解する（４）ところまでやり遂げなくてはならないのです。非母国語、異文化や文脈の壁のもと、これは相当難しいタスクです。

つまり、実践で英語を使うためには、

１．英語を瞬時にひねり出す技術
２．異文化コミュニケーションの障壁を乗り越えて、確実に相手
　　に伝えていく伝達の技術
が必要なのです。この２つをあわせたものを僕たちは「実践での

会話力」と呼んでいます。そうです。この実践での会話力を具体的な"カタチ"として体得できるかがビジネス英会話を成り立たせるカギなのです。

（2）有効な戦略は、まずは【3】中間ゴールを目指す

この実践での会話力が不十分だと、自分の英語が相手に効果的に伝わりません。極論すれば、いくら英語の知識があっても会話が成り立たない状態ということです。これが、図4の「左側（【1】か【2】）」の状態です。逆に、実践での会話力さえ身につけて「右側（【3】か【4】）」に行ってしまえば、基礎英語力は多少低くても驚くほど英会話は成り立ちます。

そして、私たちがとるべき戦略は、「英」の英語の知識を増やすのはいったんおいて、一日も早く「会話」のほう、実践の会話力をつけることです。つまり、最初に目指すのは【1】ではなく「【3】中間ゴール：なんとかビジネス英会話ができる」という領域。ここに一日でも早く到達すべきです。

図4（【1】か【2】）は、英語がコミュニケーションツールとしてまったく機能していない状態です。そこで英語を勉強するのは、いつ使うかわからない暗号をひたすら学習するようなものです。萎えます。そりゃ挫

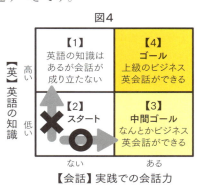

KATACHI for conversation
1

折もしますし、そもそも楽しくないわけです。

ところが、一度右側（【3】か【4】）に行ってしまうと、そこはまさにバラ色の世界です。なぜなら、とにかく伝わるわけですから。これまでの英語学習がすべて報われますし、その後の英語学習も180度変わります。「しめしめ、今度はこの単語使ってやるぞ」「次はもっと格好いい言い方で言ってやろう」という攻めの勉強に変わります。

そりゃ楽しいですし、身になりますし、続きます。やるだけ効果がビンビンにあらわれます。努力するだけ成果が出る。もはや勉強を通り越して「お洒落」や「スポーツ」の感覚になっていくのではないでしょうか。

だから、一日も早く右側（なんとかビジネス英会話ができる【3】中間ゴール）に行ってしまうのです。そこで「英会話って楽しい」となってから上昇気流に乗り、一気に基礎英語力を磨き、上級のビジネス英会話【4】のゴールへと駆け上がるのです。それがビジネス英会話を最短で習得するための有効な戦略です。

ところが、この実践の会話力とは、留学などで英語圏において切磋琢磨するなど、高濃度の実践の中でしか自然と身につくものではありません。**「英語力」があるだけじゃ伝わらない**。その「もがき」の中でしか自然に学ぶことはできないのです。日本にいながら実践の会話力を上達させるのであれば、伝えるための理論をきちんと理解し、それを強く意識して目に見える具体的な"カタチ"として体に覚えさせるべく徹底的に訓練しなければ身につかないのです。

相手を動かすのがビジネス【会話の前に】 *1*

▶すぐにビジネス英会話ができるようになるための戦略

ここまで述べたことを整理しましょう。

当面、「英」はほうっておきます。これ以上英語の知識を増やす努力をする前に、まずは「会話」のほう、実践での会話力を得るため以下の2つの領域をさまざまな"カタチ"に置き換え、自分のものにしていきます。

1. 瞬時に英語をひねり出す力を鍛える

まずは、コチコチに固まっている英語の脳を柔らかくします。皆さんの頭の中には、英単語をはじめとする大量の英語の知識がストックされている状態かと思います。ただ、それがコンパクトに取り出せる状態かというと、そうではない。それでは実践の会話では使えない状態です。まずは、その英語を瞬時にひねり出す、僕たちが「セカンドベスト」と呼んでいる力を強化することです。この後の第2項、第3項で見ていきます。

2. 伝達の技術を身につける

こちらの英語が多少間違えていようが、異文化の壁があろうが、コミュニケーションスタイルの違いがあろうが、つむぎ出した言語情報を相手に的確に届けていく技術、すなわち、伝達の技術を磨いていく必要があります。これは第4項から第25項までたっぷりあります。

さぁ、ということで早速始めましょう！

KATACHI for conversation

2 英会話は暗記のゲームではなく発想のゲーム

▶非ネイティブの英会話は発想のゲーム

　まず、(1) 瞬時に英語をひねり出す技術から見ていきましょう。多くの方が、英会話とは「正しい英語の知識をため込んでいくゲーム」ととらえているかもしれません。つまり、幅広い語彙を得たり、気の効いた言い回しを覚えたり、英語の知識の積み上げがあってナンボ。どれだけ多くを暗記できるかが勝負というイメージですね。だから、基礎英語力を高めていくところに注力しがちです。

相手を動かすのがビジネス【会話の前に】 **1**

　しかし、実際の非ネイティブの英会話は違います。母国語を英語としていない私たちにとっての英会話は、英語の知識をたくさん蓄える「暗記のゲーム」ではなく、いまある英語の知識でやりくりする「発想のゲーム」ととらえたほうが有効です。

　英語を日常的に使う非ネイティブが英会話をするとき、頭の中がどうなっているかを考えてみましょう。

　たとえば僕の場合、アメリカには合計7年ほど住んでいました。その間、アメリカの大学も大学院も出ています。また、ビジネスの最前線で英語を20年近く使っています。仕事では、高度な交渉から難解な契約書の作成、複雑な技術プロジェクトのリーダーなど、多岐にわたる業務を日常的に英語で行ってきました。

　こんな僕が英語を話しているとき、頭の中はどうなっているか。

　告白しますが、ネイティブのように、考えたことがポンポン口をついて出てくるわけではないのです。簡単なことや反射的なことであれば何も考えずにパッと出てきますが、何か複雑なことを説明しようとするとき、使いたい表現が瞬時に出てこないこともあります。

　そのときに何が起こるか。「あれ、なんかいい言い回しがあったな」と瞬間的に脳内の英語のデータベースを覗きにいきます。しかし、悲しいかな、実はその探しものがすぐに見つからないことも多いんです。「あ、思い出せない」「あれ、なんだっけ」となってしまいます。でも、大丈夫。本当の英語力というのは、ここからなのです。

　<mark>「ベストな言い回しがパッと思い浮かばない」となってからが勝負なのです。</mark>

021

KATACHI for conversation

2

▶セカンドベストを見つけることが非ネイティブの英会話力

　ベストな言い回しはパッと出ない。では、これを他の言い回しで言うとどうなるか。次にベストな言い回しは何だろうと、自分の知っている言い回しに置き換える、という作業を瞬時に始めます。ベストな言い回しが出なければ、セカンドベスト（次善の策）で、なんとかしのぐのです。

　少し単純な例で見て行きましょう。

「予算」の英語は「budget」ですが、これを知らないときです。英単語自体を知らなくても、中学生・高校生程度の語彙をもってすれば大概の意図するものは伝えられます。「money plan」でも、「money capacity」でも、「cost limit」でも、何でもいいので繰り出します。6割くらい表現できたら相手が「Do you mean "budget"?（予算、と言いたいのですか？）」と聞き返してくれて一件落着です。

　つまり、セカンドベストとは、ベストな単語や言い回しが思い当たらない・知らないときに、いまある英語力でやりくりしてなんとか繰り出す次善の策のことです。

　この**セカンドベストを瞬時にひねり出す脳内の「筋力」を強化していくこと**が、非ネイティブが徹底的に取り組むべき英語に関する訓練となります。どれだけ英語の知識をため込んでも、それを瞬時に出せなければ意味がありません。新たに難解な単語を暗記するより、すでに知っている単語でなんとか伝えきる発想力を鍛えたいのです。

　英語は非母国語なのです。完璧な物言いをすることへのこだわりをスパッと捨てて、とにかく知っている単語に置き換えて会話

相手を動かすのがビジネス【会話の前に】 **1**

を回していくという考え方に切り替えたほうが現実的ですし、圧倒的に有効です。したがって、英会話を正しい知識をどんどんストックしていく暗記のゲームというとらえ方はやめ、いまある英語の知識でなんとかやりくりする発想のゲームととらえるのです。非母国語であるので、まずは、タタタタタッと知っている単語だけで手元で回していければいいのです。その感覚を覚えれば会話はつながり始めます。自信もつき、さらにスムーズに会話が回り始めるでしょう。「なんとか英語で会話を成り立たせることができる」と。

　セカンドベストで会話を回すコツを得てからいくらでも難しい表現や気のきいたフレーズを混ぜ始めればいいのです。「英語は非母国語なんだ。まずは通じればいい」と割り切ることができ、セカンドベストで通じきたとき、皆さんは「正しい英語を習得しなければいけない」呪縛から解き放たれ、英会話は本当に楽しく愛着のわく有用なものに変わるでしょう。

　一点だけ補足ですが、セカンドベストとは決して「いい加減な話をしろ」というわけではありません。正確性が求められる局面では辞書を引くなど、徹底的にこだわってきちんと正しい言葉を選んで使います。また、当然ながら重要な事項は口頭だけではなく、文章でもってダブル、トリプルの確認をしましょう。ビジネスですから当然です。それ以外のところはセカンドベストでいいので会話をバンバン回していくということです。

実践編 *Practice*

セカンドベストをつくり出せ！

1. パッと中学英語で置き換えられないとき

単語がぱっと出ないとき、次の3つを心がけてください。

● **1人で完璧を目指さない**

6割くらい説明すれば、相手が「○○のこと？」と言い当ててくれると信じ、1人で言い表そうという気負いは捨てましょう。

● **一発解決を狙わない**

ひとことで言い切る必要はなく、発想ゲームだと割り切り多様な角度から説明しましょう。何度目かでわかり合えばいいのです。

● **言いたいことの本質を見極める**

直訳することからいったん離れましょう。たとえば「面倒くさい」を英語で言おうとすると「ウッ」とつまるかもしれません。「仕事量が多すぎる（too much work）」「簡単ではない（not easy）」など、それを意味するところを考えるとポンと出てくるかもしれません。

2. 似ているものや状態にたとえる

特にものの名前が思いつかないこき、似ているものを探します。

It's like ～.（～のようです） ビ カ

例「イカ（squid）」と言いたいがわからないのでタコを使う。It's like an octopus, but it has ten legs.（タコのようですが足は10本あります）

例「（日本の）首相官邸（Office of the Prime Minister）」と言いたいがわからないのでホワイトハウスを使う。It's like the Japanese

セカンドベストを瞬時にひねり出すことこそが非ネイティブの英会話力そのもの。いくつかのコツを紹介します。慣れるまでは練習あるのみ！

version of the White House.（日本のホワイトハウスです）

It's as if ～.（まるで～のようです）ビ カ
例 お腹がたぷたぷと言いたいがわからないとき。It's as if I had 10 coffees. （まるでコーヒーを10杯飲んだ後みたいです）

3. 反対の状態を使う

「反対の反対は、正です」を使った言い方です。反対の状態を否定することで、言いたいことを表現します。

It's the opposite of ～.（～の逆です）ビ カ
例「あまり乗り気じゃない」を反対の反対で。 It's the opposite of exciting.（すごい興奮しているとは逆です）
例「禁止されている」を反対の反対で。You are not allowed to use guns in Japan.（日本で銃は使うことができません）で正確ではなくてもだいたい言いたいことは伝わります。

4. 周辺情報を使う

周りの情報を使って外堀を埋めていく感覚です。

You usually find it in ～.（大体～にあります）ビ カ
You usually use it for ～.（大体～に使います）ビ カ
例 タワシを説明したいとき。You usually find it in a sink.（大体流しの中にあります）You usually use it for cleaning pans.（鍋を綺麗にするときに使います）

実践編 *Practice*

セカンドベストの練習方法

1. 【1人で】英語のつぶやきマラソン

　目に映ったもの、浮かんだ考え、感じたこと、それを即座に英語でつぶやき続けます。特に街を歩いていたりする移動時間、トイレやシャワーの中などのすきま時間におすすめです。

＊　　　＊　　　＊

　たとえば、街を歩きながら白い車が来たら、
「A white car is approaching.（白い車がやってきた）」
「The car is big and seems expensive.（大きな車で高そうです）」
と何でもいいから手当たり次第英語にしていきます。その際、文法や語法は気にしません。とにかく、喋り続けることに専念します。

　そのうち「ウッ」とつかえるかと思います。たとえば「車のサイドミラーが畳んだままだ」と言いたいものの「畳んでいる」がパッと思いつかない。ここが勝負で、とにかく自分が蓄えている英語の知識でやりくりして、なんとか言い切るのです。

　たとえば「The side mirror is closed.（サイドミラーが閉じています）」という中学英語で乗り切ってもOK。あるいは「The side mirror is not open.（サイドミラーが開いていません）」という「反対の反対」でOKです。実際の英会話であれば「The side mirror is closed, you know?」と言って手でパタンとやってあげれば「Oh! That car's side-view mirrors are folded in!（ミラーが畳んであったのね）」と相手に確認してもらうことでより正確に伝わります。

026

相手を動かすのがビジネス【会話の前に】 **1**

セカンドベストは練習あるのみ。セカンドベストをひねり出す「筋トレ」方法2つはこちらです。ペアは日本人同士でもいいから数をこなそう!

2.【2人ペアで】言い換え連想ゲーム

　2人組で言葉を言い換えるゲームです。1人が何かの単語（名詞がやりやすいでしょう）を連想します。その連想したものを、その名前を使わずに言い表し、相手が当てる練習です。

＊　　　＊　　　＊

　たとえば、「タコ」を連想したら、「オクトパス」という英語を使わずに相手に説明します。たとえば、

「It's something living in the ocean.（海に住んでいて……）」

「It has eight legs.（8本足があるんだよ）」

　といったところで、相手が「ああ、これはタコだ」とわかればOctopus?（タコ）と聞きます。正解であれば交代、という形で繰り返します。40分程度やってみるととても疲れますが、英語脳はとても鍛えられます。これは、瞬時にセカンドベストをひねり出す訓練ですので、日本人同士でも構いません。何しろ多くの練習を積んでください。

　自分でお題となるアイテムを決めればいいので、何の準備もなくても始められますが、先にアイテムが書いてあるカードを活用する手もあります。

KATACHI for conversation

3 TOEIC350あればビジネス英会話は開始できる

▶カリスマ国際ビジネスマンだって完璧な英語は喋らない

　第一線で活躍されている非ネイティブが常に完璧な英語を使っているとは限りません。たとえば、日産のカルロス・ゴーン社長。レバノンとブラジルとフランスの多重国籍を有し、5カ国語を話されるそうです。当然ながら、英語も堪能です。ゴーン社長の自信に満ちた言葉は乾いた砂漠にまかれた水のように人の心に染み入ります。ただ、それが完璧なネイティブ英語かといったら、そうではありません。発音も独特のものがありますし、語法や文法で軽微なミスをされる場合もあります。時間をかければ

もっと洗練された言い回しができるであろうに、といったようなところも見受けられます。

ですが、だれがそんなことを気にするでしょう。彼にとって英語は母国語ではないですし、完璧なネイティブ英語なんて、はなからだれも期待していません。期待していることは、彼のメッセージの内容そのものです。それが深く刺されば問題ないのです。

私たちはビジネスのために会話をしたいのです。だれもいない森でシェークスピアの朗読をしたいわけでも、スピーキングのテストを受けているわけでもありません。これはビジネスであり、成果を出すことが何よりも大切なのです。そこで求められているのは、完璧なネイティブ英語ではありません。意図をきっちりと伝達でき、最終的に相手を動かす言葉になってきます。

▶非ネイティブの方がネイティブより多いのが現状

いま世界には、8.5億人の英語スピーカーがいると言われています。そのうち3.4億人は英語のネイティブスピーカー、つまり母国語を英語とする人たちですが、残りの5.1億人は非ネイティブ、つまり、英語以外を母国語とする人たちです。ほとんどの非ネイティブは「不完全」な英語で勝負しています。語彙が少なかろうが、表現が平易だろうが、文法的に間違いがあろうが、英語でバンバン喋っています。

日本を飛び出してさまざまな国のビジネスパーソンと侃々諤々のビジネスをすればすぐにわかります。「デキる」各国のビジネスパーソンの多くが、ネイティブ級の英語なんて喋りません。多かれ少なかれセカンドベスト英語でしのいでいるんです。ネイティブに近い英語を堪能に話せば、「おお、すごいな」と思われるかも

しれませんが、若干の加点要素にすぎません。当然ながら、そんなちっぽけなことよりも、提案の内容や熱意、人柄、そういった「中身」のほうがよっぽどビジネスの判断基準になるのです。

▶TOEIC350あれば始められる

一方で、たまに「でも児玉さん、私の英語力はセカンドベストをひねり出すのさえ怪しいレベルです」と躊躇される方も大勢いらっしゃいます。でも大丈夫です。

New General Service List（NGSL）というものがあります。

これは、明治学院大学の Charles Browne 教授が中心となって英語を第二言語として学ぶ人のためにつくった頻出英単語のリストです。大雑把に言うと、新聞、ウェブサイト、書籍や雑誌、ラジオ、試験問題、学術機関や職場などあらゆるところで使われる膨大な量の英語から、使用頻度により英単語をリスト化したものです。乱暴な言い方をすると「出る単」みたいなものですね。ただし、テストに出る英単語ではなく、実践で使われる英単語のリストです。

冒頭でも触れましたが、この NGSL によると、Spoken English（話される英語）の約 90% を理解するために必要な単語数は 900 とのことです。95% を理解するためには 2595 語（2016 年 7 月時点）。これを多いと見るか、少ないと見るかですが、日本の中学の英語教育で最低限学習する単語数は約 1200 語、高校では 3000 〜 5000 語くらいだそうです。そう考えると「英単語、意外に知っているのかも」と思われるかもしれません。

僕たちの主催する英語のプログラムでは受講生のデータを長らく取ってきましたが、この**900 語の最低 6 〜 7 割程度わかって**

相手を動かすのがビジネス【会話の前に】 **1**

いればなんとかセカンドベストで会話が有効に機能します。あるいは高校でそれなりに英語を勉強している人であればなんとか大丈夫です。大学受験で英語をやっていた人なら、なおさら問題ありません。それくらいの語彙があれば、セカンドベストと、第4項以降で話していく伝達の技術の併せ技でビジネス英語での最低限のメッセージ力を得ることができます。つまり、これ以上語彙を増やさなくてもなんとかなるのですね。この後にNGSLのリストをつけておきますので、ご自身がどれくらい理解できているか早速トライしてみてください。

　少し身の回りを見回してください。たとえば「傘」って何と言えば、「umbrella」とすっと出てくるかと思います。同様に身の回りのさまざまなアイテムや事象は英語で言えてしまいます。suit（スーツ）、white board（ホワイトボード）、road（道）、window（窓）、wall（壁）、dinner（夕食）、enjoy（楽しむ）、tree（木）……驚くほど言えます。「いやいや児玉さん、それは簡単すぎでしょ」と言われる方、それらを1つでも他の言語で言えますでしょうか？　フランス語？　ドイツ語？　スペイン語？　お隣の韓国語？残念ながら僕はまったく言えません（笑）。そうです。多くの人にとって、「外国語」というものは、「ほとんど知らない」が当たり前のものではないでしょうか。そこへいくと英語は奇跡です。なんせ私たちは、目につくものほとんどをなんとか英語で言えてしまいます。外国語なのに、こんなにたくさん知っているのです。「どうしよう、英語、まだまだ全然知らない」という感覚ではなくて、「すごいことに、こんなに英語を知ってしまっている……使わなきゃ損だ」という感覚に切り替えていきましょう。

実践編 *Practice*

New General Service List抜粋

最頻出1〜10位の単語

1	be		6	to
2	the		7	a
3	you		8	have
4	and		9	of
5	it		10	do

中位445〜454位の単語

445	party		450	fall
446	continue		451	grow
447	pass		452	general
448	add		453	drink
449	often		454	carry

最後位891〜900位の単語

891	afford		896	skill
892	court		897	gas
893	rid		898	knock
894	stupid		899	management
895	responsibility		900	clothes

出典:http://www.newgeneralservicelist.org/

相手を動かすのがビジネス【会話の前に】 **1**

話し英語に使われる単語900を抜粋しました。
どれくらいわかるか、チェックしてみましょう。

900語からランダムに50単語を取り出します。
あなたはいくつわかりますか?

220	☐ must	660	☐ floor
240	☐ believe	670	☐ effort
260	☐ build	680	☐ action
280	☐ alright	690	☐ apply
300	☐ care	700	☐ clearly
320	☐ top	710	☐ simply
340	☐ drive	720	☐ measure
360	☐ begin	730	☐ son
380	☐ story	740	☐ exist
400	☐ policy	750	☐ beautiful
420	☐ cough	760	☐ likely
440	☐ stick	770	☐ basis
460	☐ soon	780	☐ unit
480	☐ die	790	☐ history
500	☐ computer	800	☐ pressure
520	☐ weekend	810	☐ video
540	☐ date	820	☐ plant
560	☐ law	830	☐ serve
580	☐ strong	840	☐ customer
600	☐ vote	850	☐ handle
610	☐ tend	860	☐ television
620	☐ fund	870	☐ voice
630	☐ hair	880	☐ feed
640	☐ produce	890	☐ weight
650	☐ park	900	☐ clothes

KATACHI for conversation

4 ジーッと音が鳴るくらい相手の目を見続ける

▶アイコンタクトはビジネスの基本

　それではここからは伝達の技術を詳しく見ていきたいと思います。まず、伝達の技術の基本中の基本がアイコンタクトです。

　これは、英語をひとことも喋らない前からできることです。また、言語でハンディがあり、慣れない異文化の会話に挑戦する私たちが絶対に押さえる技です。

　アイコンタクトができない人は意外に多いものです。特に、自分が聞き手のときは相手の目を見ることができても、自分が話し手のときは目をそらし始める人を多く見かけます。

相手を動かすのがビジネス【会話の前に】 **1**

　まず、英語のネイティブスピーカーは、何はともあれ、射抜くようにあなたの目を見つめてきます。なぜなら、主に英語圏の文化では目を合わせないまま話すという行為は、「相手を信用していない」「何か、やましいことがある」「会話に乗り気でない」といった最悪なサインとしてとられるか、「自分に自信がない」と見られることがあるからです。

　国際ビジネスの場では、相手の目を見つめるということは相手と仕事をするうえで最重要な「sincerity（誠実さ）」「integrity（品位・正直さ）」「seriousness（真剣さ）」の表れになります。100の言葉を連ねるより、相手の目を射抜くように見つめることで「重要な話をしています。聞いてください。一緒にやりましょう」といった念を直接に送れるのです。

　恋愛で意中の人を本気で口説くとき、目をそらすなんてあり得ません。それと同様に、目をそらして商談をするビジネスパーソンもあり得ない、というわけです。

▶コミュニケーションとは忙しい相手から時間を奪う闘い

「伝達の技術」を把握するためには、３つのコミュニケーションの原理を知る必要があります。

　そのうちの最初の１つをご紹介します。それは、**【原理１】人はだれしもとても忙しい**ということです。超多忙なビジネスパーソンでなくても、皆、忙しいのです。小学生だってとても忙しい。学校や塾や習い事や宿題。友達とも遊びたいしゲームもしたい。気になる異性もいるし、おやつも食べたければテレビも見たい。やりたいことだらけ。だれしもが「自分のことで手一杯」なのです。

KATACHI for
conversation

4

　極論すると、コミュニケーションというのは、そんな忙しい人たちの大切な時間をもらい受ける行為とも言えます。もっと言うと忙しい人の時間を奪おうとするわけです。だから、あなたの話が退屈だったり、重要でなかったり、誠意がなかったりすれば、すぐに人は他のことを始めます。うわべはあなたと話しているようでも、今夜のおかずのことを考えたり、仕事の算段を始めたり、あなたとの会話に自分の大切な時間を振り分けるのを即刻やめるでしょう。そうなったら、あなたの英語がいかに上級でも通じません。会話はダダ滑りとなり、あなたには英語に対するさらなる苦手意識だけが残るでしょう。

　だから、私たちは、最後まで相手の注意を引きつけなければなりません。忙しい人たちに、自分とのコミュニケーションに集中してもらわなければならないわけです。

▶ 相手の時間をいかに獲得するか

　難しいのは、その荒業を、英語という不慣れな言語でやらなければならないということ。さらに相手は、普段接している日本人ではなく、考え方もコミュニケーション手法も違うかもしれない異文化の方々。これはもう闘いと言っても過言ではありません。不慣れな言語、不慣れな環境で「忙しい」相手の時間をなんとか奪う闘いなんです。敵は、相手が持っている他の興味です。「今日の夕食のおかず」「週末のデートの候補地選び」「読みかけの本」など、一瞬でも気を抜けば相手の中でもたげ始める興味の数々。強敵です。そんな数々の興味たちをねじ伏せて、自分との対話に集中力を向けさせる。それが非ネイティブにとっての英会話です。であれば、なりふり構わず、使える武器はすべて使って

相手を動かすのがビジネス【会話の前に】 **1**

全力で相手の時間を奪いに行く。これが、「伝達の技術」の根底にある考え方の1つです。

▶ 人は見つめられると話を聞かざるを得ない

　強いアイコンタクトは、武器になります。

　僕たちのプログラムでやっている面白い実験があります。他の受講生に対して1分間の自己紹介をしてもらうのですが、最初は、ほとんどだれも真剣に聞きません。なぜなら他の受講生は、次にやるであろう自分の自己紹介のことで頭が一杯だからです。そうです。聞き手の皆さんもいろいろ忙しいわけですね（笑）。

　ここでやり直すのですが、今度は、1つだけやり方を変えてやってもらいます。そうすると、今度は全員が集中して話を聞き始めます。そう、その1つのことこそがアイコンタクトです。

　2度目にやるときは、徹底的に聞き手の目を凝視しながら1分間話してもらいます。極端ですが、1秒たりとも他のところは見てはいけません。聴衆の目だけ見つめて話すのです。たとえ、言い間違えても、つっかえても、言葉が出てこなくても、視線は外さず、聞き手の目をたえず見つめながら話すようにしてもらいます。

　そうなると面白い現象が起きます。あれだけ自分の用意で忙しかった聞き手の人たちが、話し手の話を積極的に聞き始めるのです。不思議なもので、**人間というのは、目をジッと見て話されると無視できないもの**です。目を射抜くように見つめられると、その人のコミュニケーションに釘づけになるのです。これほどパワフルなツールはなく、これを使わない手はないのです。

037

実践編 Practice

アイコンタクトの極め方

1. 正しいアイコンタクト

　強いアイコンタクトを実現しましょう。自分の目からレーザービームを照射するつもりで相手の目を射抜くように見るのです。その際、眉を寄せると人相が悪くなってしまいますので気をつけて。口元には笑みをたたえながら見つめるとよいでしょう。単にチラッと見るのではなく、慣れるまでは、ずっと見つめるようにしましょう。それだけで相手はあなたの話から気をそらせなくなるはずです。

2. アイコンタクトの練習

STEP1 鏡の前で

　アイコンタクトが苦手という方は、まず、鏡の前で自分の目を見て英語を話すことから練習しましょう。話すフレーズは覚えてください。第13項の「I have a dream.」がいいかもしれません。目力を入れて鏡の中の自分の目を凝視しながら、まずはアイコンタクトに慣れてください。へぇ、自分ってこんな風に見えるんだ、と見えることで心理的障壁が一段下がるはずです。

STEP2 聞き手から

　アイコンタクトが苦手な人は、聞き手のときから練習を始めましょう。不思議なものですが、話すほうが緊張するからでしょうか。自分が話すときより、相手の話を聞くときのほうがアイコンタクトはしやすいものです。

　まずは、聞き手のとき、いつもより強く意識をして相手の目をジッと見つめてみましょう。そこで相手の目を見ることに慣れ

> アイコンタクトの苦手意識は練習なくして克服できません。
> 練習あるのみ。難しければ慣れるまでは誤魔化してもよいです!

て、その勢いで自分が喋るときも視線を離さずにいきましょう。

STEP3 2人でトライ

アイコンタクトは実際にやってみないと上達しません。2人組になり、相手の目を見て話す練習をしましょう。このとき、あなたが目をそらしたら相手に手を上げてもらいます。「えーと」「なんだっけ」というときも天井や手元を見ず相手の目を見続ける練習です。少し大変ですが、一度徹底的にやってみてください。

3. アイコンタクトの誤魔化し方

アイコンタクトがどうしても苦手な人は、当面誤魔化しましょう。目を見るのが心理的に障壁が高い場合は、相手の眉間を見つめてください。

あるいは鼻先でも結構です。そのあたりを見ていれば相手からしたらあなたが自分の目を見ているように錯覚します。つまりアイコンタクトと同じ効果があるのです。また、相手の口元を見るのも有効です。口の動きが視覚情報として入ってきますから、「いま舌をはさんだからthだ」などのリスニングの助けにもなるのです。誤魔化しつつも、たまにはチラッと本当に目を見て少しずつアイコンタクトに慣れていきましょう。

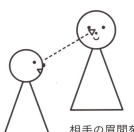

相手の眉間を見つめてみよう

2

英語力に関係なく
まずは堂々と

【会話を始める】
Start the conversation

KATACHI for conversation

5 弱い自己紹介は自分を小物とアピールしているようなもの

▶ 弱い自己紹介であなたはフィルターされる

　相手の大切な時間をこちらに振り分けてほしい私たちにとって、自己紹介は相撲の立合いのように高い集中力をもって全力であたりたい事柄です。ここで相手を圧倒して一気に相手の心を掌握し、相手のアテンションを獲得したいものです。

　しかし、残念ながら、多くの日本の方は攻めるどころか出遅れます。オドオドしたり、変に卑屈になったり、なんとかことなきを得て、できるだけ手短にやりすごそうとします。

　常に忙しい私たち人間は、出会う人全員と密な関係を築くこと

などできません。ですので、自ずと「大切な人」と「そうでない人」をフィルターしていきます。自信のない自己紹介は「私はあなたの大切な時間をいただくには及ばない小物です」ということを大々的に宣伝しているようなものです。最初からそれでは、どれだけ基礎英語力が高くても、会話が上手に運べるわけがありません。

▶ 自己紹介のポイントは、「自信」と「相手への興味」

　自己紹介のポイントは2つです。自信を見せることと、相手への興味を見せることです。

　まず自信ですが、人は自信のない人は敏感にわかるものです。自分自身に自信のなさそうな人とわかったら、あなたは一気にフィルターされ相手の忘却ボックスに入ってしまうでしょう。
　逆に自信のある人には引かれます。ただし、「俺はこんなにすごいんだ」と虚勢を張る必要はありません。多くを語る必要もなく雄弁である必要はないのです。自信は、次の3つで物理的に見せていきたいものです。

1. 強いアイコンタクト

　前項で見ましたが、恐れずに相手の目を射抜くように見つめる強いアイコンタクトは自信の裏返しです。冒頭から強いアイコンタクトを実践しましょう。

2. 自信のある声

　低い声、短い文章、急がなくていいので下腹に力を入れ響く声

5

でいきましょう。聞こえればいいというものではなく、自分のエネルギーそのものを相手にぶつけるつもりで発しましょう（自信のある声については第15項で詳しく見ていきます）。

3. 強いグリップの握手

なよっとした弱い握手は「ひ弱さ」を連想させます。強めのスパイスの効いた握手で一気に相手の心もつかみましょう（握手については、第6項で詳しく見ていきます）。

そして、もう1つとても大切なのが、相手への興味を示すことです。

▶ 人はだれしも自分のことをわかってほしい生き物

ここで伝達の技術を把握するための2つ目のコミュニケーションの原理を紹介します。

『人を動かす』などの歴史的大ベストセラーの著者デール・カーネギー氏をはじめとした人間の行動原理やコミュニケーションを研究している賢人たちは、この【原理2】人はだれしも自分のことをわかってほしい生き物という点に大きく着目してきました。アメリカの心理学者であるアブラハム・マズロー氏の有名な「マズローの欲求5段階説」では、人のモチベーションを向上させるために考えるべき人間の5段階の欲求を定義していますが、人間にとって最も高次元の「自己実現欲求」（創造的活動をしたいといった自己の能力を引き出したい、という欲求）というものを駆り立たせるためには、「尊厳欲求」という人の欲求を満たすことが必要であると説いています。尊厳欲求とは、「他の人に尊敬さ

れたい。認められたい」という欲求です。つまり、「人に認められたい」「人にわかってほしい」と常に周りからの認知を求めているのが人間なのです。

　ですから、最強の自己紹介では、相手への興味を明示的に示します。「ああ、この人、自分には興味ないな」ということであれば、また、パタンと心のドアは閉まってしまいます。一方で、「この人、自分に興味を持ってくれている」とわかれば、もっと話したいという欲求が芽生えます。自分の時間をあなたに振り分けようかとなるわけです。

　相手への興味を明示するには以下の2つが有効です。

1. 満面の笑顔

　ニカッと音が鳴るくらい大きな笑顔で相手を照らしましょう。これが馬鹿になりません。そして、多くの日本人の方が不十分です。満面の笑みで照らしましょう（笑顔については第7項で詳しく見ていきます）。

2. 適度なアイスブレーク

　アイスブレークとは、まさに氷を砕くという意味。会ったばかりのときに流れる固い空気をほぐし、場を温め本題に入る前に心のチャネルを通わせる素地をつくる行為です。これをおろそかにすると、相手は「なんだいきなり仕事の話か。自分に興味を持ってくれていないのか」となってしまいます（アイスブレークについては、第8項で詳しく見ていきます）。

　上記のように積極的に「自信」と「相手への興味」を見せることで自己紹介時からポールポジションを奪っていきましょう。

実践編 *Practice*

最強の自己紹介の5段階

STEP1 あけっぴろげの笑顔でアプローチ

近づいていきます。ポイントは、大きな笑顔と強いアイコンタクト。目が合った時点で Hi! と元気よく発しましょう。

Hi! ビ カ

STEP2 力強く自分を名乗る

ちょうど握手の手を差し出すあたりがベストタイミングですが、シンプルに自己紹介をしましょう。

I'm Ken.（私はケンです）カ

Ken.（ケンです）カ　特に握手をしながら名前だけ言います。

I'm Kenichiro Watanabe. Please call me Ken.（渡辺賢一郎です。ケンと呼んでください）ビ カ

まずは多くを語る必要はありません。ポイントは、低くてもいいので大きな響く声で。ぐっと自信をこめてください。

英語力に関係なくまずは堂々と【会話を始める】 2

会った瞬間から相手の心を鷲づかみにするための最高の自己紹介を身につけましょう。まずは簡単な5ステップから！

STEP3 強いグリップの握手

　お互いが名乗り合うタイミングで握手をします。強くグリップを効かせましょう（第6項参照）。アイコンタクトを忘れずに。

　そのとき、ひとこと添えると自然です。

Really glad to meet you.（お会いできて嬉しいです）ビ

Nice to meet you.（お会いできてよかったです）ビ カ

It's an honor to meet you.（お会いできて光栄です）ビ

　名刺交換をするなら握手の直後も1つのよいタイミングです。お互いの名刺情報などもネタにアイスブレークを始められます。

STEP4 アイスブレークで場を温める

　名刺交換がなくてもこのままアイスブレークに入ります。有名な「how are you?」などから始められます（第8項参照）。

STEP5 決めのフレーズで綺麗に締める

　自己紹介を区切る言葉としては握手に添える言葉と同じでよいです。あるいは以下も使えます。

It was nice to meet you!（お会いできてよかったです）ビ カ

Nice to meet you!（会えてよかった！）カ

It was a pleasure to meet you.（お会いできて光栄でした）ビ

　最後まで大きな笑顔と強いアイコンタクトを忘れずに！

KATACHI for conversation

6 握手は格闘技。ギュッと音が鳴るくらい握り込む

▶ 多くの日本人の握手はデッド・フィッシュ

　第5項で自信のある自己紹介を実現するために必要なものとして、強いグリップの効いた握手をあげました。
「握手なんて簡単」と思っている方、気をつけてください。驚くほど多くの日本人の方の握手は、不十分どころか最悪です。ハーバード・ビジネス・スクールの同期で、外資系を渡り歩きいまでは優良企業の社長をやっている日本の友人がいるのですが、彼は日本の首相と握手をする光栄な機会があったのですが、その際の首相の握手が弱すぎると憂いていました。

首相でも不十分なようです。ぜひ、自己点検してみてください。私たち日本人が考えている以上に、西洋人にとって握手の持つインパクトは強いのです。

多くの日本人の方の握手は、弱すぎますし、能動的に握ろうとしません。どこかの国の皇女のように「さぁ、握ってたもれ」とばかりに、すっと手を差し出して、相手に握ってもらうのを待ちます。こちらからはギュッと握らないので、相手からすると生温かいナマスをつかまされたような感触。強い握手に慣れた人からすると、なよっとした握手は、正直不快なものですらあります。あー、なんか生温かいものつかまされちゃったという感じです。これは、デッド・フィッシュ（死んだ魚）と言われる典型的な握手の失敗例です。「自分は結構強く握っている」と考えている人でさえも実際は弱すぎることが多いのです。ここは最強の握手を身につけたいです。

▶ 握手の印象は長くひく

握手は、私たちの想像以上に大きなインパクトを持っています。

僕の友人のアメリカ人が小さかった頃の話です。彼の母親は、アメリカで家具ビジネスの会社を経営していました。あるとき、中年男性が、彼の母親の家具会社に入社したいと面接に訪れました。彼の母親とその中年男性は実に2時間近くの面接をしたそうです。面接が終わったとき、彼は興味があったので母親に「今の男性はどうだった？」と感想を求めました。彼の母親の第一声は、「ああ、彼ね。握手が弱かった」ということだったそうです。2時間も話して第一声が握手のこととは……。彼自体もこの件を通してさらに握手の重要性を認識したということでした。

そうです。腑抜けた握手は、想像以上に悪印象を与えます。「自分に自信がない」という印象を植えつけるだけではありません。「コミュニケーションのなんたるかをわかっていない、できない人だ」「それを指摘してくれる人が周りにいない残念な人だ」とまで思われてしまうかもしれません。

▶ボディコンタクトは強力なメッセージとなる

英語圏では握手は強く握るのが流儀だから、ということもありますが、実際、握手は十分武器となります。

1つ試してほしいことがあるのですが、家族でも恋人でも仲のよい友達でもいいので、会話の最中に、そっと相手の体の一部を触れてみてください。想像するだけではなくて実際にやってほしいのです。頬でも、肩でも、二の腕でも、手の甲でもいいです。そっとでいいから、触れてみてください。どうでしょうか。電撃が走る、とまではいきませんが、改めてハッとすると思います。

相手に触れて体温を感じることで、まったく違う世界になることを感じるはずです。それまでの距離感とは別次元の親密さが生まれるのです。

▶コミュニケーションの深度はぐっと増す

もし、あなたが、だれかを真剣に説得したければ、どうするでしょうか。そうなれば、まず距離が近づくでしょう。遠くから話しているだけではダメだと感じ、どんどん近づいていくはずです。そして、それだけでは足りないと感じ、ついには身体的コンタクトを始めるでしょう。もしかしたら、ギュッと手を握るかもしれないし、肩をガシッとつかむかもしれません。あるいは抱き

しめながら伝えるかもしれません。**相手と触れ合うことでコミュニケーションの深度はぐっと増す**のです。そして相手に触れたうえで大事な話をするはずです。私たちは「大切なメッセージの伝え方」を、すでに知っています。

　そうです。相手に触れるだけで親近感が増し、コミュニケーションの深度はぐっと深まるのです。

　ただ、あまり親しくもない人に会話の最中に体に触れるのは不自然です。だから握手があるんです。会って間もない最初の瞬間に、その最大のチャンスが訪れているんです。これを逃す手はありません。最高の握手で、相手との距離をグッと縮め、最高のスタートを切りましょう！

相手をうならせる握手の仕方

STEP1 アプローチ：肘を体から離さない

立った姿勢の握手では、握手をする際にできるだけ相手の近くに体を寄せたいものです。手を伸ばした状態で握手をすると力も入りません。ちょうどいい距離は、握手するほうの手の肘を自分の体からあまり離さない状態。脇を締め気味の状態です。この状態ですと相手に近づかざるを得ませんので、距離も縮まりますし、力を入れるにももってこいです。

STEP2 手を出して支点を3つ合わせる

まず親指の付け根を相手の親指の付け根にガチッと強く当たるように押し込みます。ここが支点1です。手を握ろうとするとき、その他の指を不用意に曲げていると、へっぴり腰のような握手になります。他の4本の指は伸ばしてできるだけ遠くにリーチするようにしましょう。そうすれば、中指、薬指、小指の付け根が相手の手の平に当たります。ここが支点2です。

これが離れているとへっぴり腰のような握手になってしまいます。そして中指、薬指、小指で相手の手を包み込みます。相手の手の大きさにもよりますが、その3本の指の第一関節で相手の手の外側を引っ掛けるように強く握ります。ここが支点3です。この3本の指で絞るように握りた

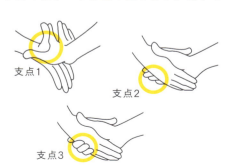

> 握手は一度徹底研究が必要です。できればネイティブに自分の握手が十分かを検証してもらうとさらによいでしょう。

いため、人差し指はさして力を入れなくても大丈夫です。特に手の大きな人は人差し指は伸ばしたままでもよいかもしれません。この支点1、2、3が相手の手ときっちりと結合したら、支点2は当て込んだまま、1と3で絞るように強く握ります。

STEP3 瞬間的に握り3度小刻みにシェイク

握手は、瞬間的にギュッと握り込みます。相手が男性であれば手を1センチくらい握り込むような勢いが適当です。じわっといかず、一気にいくのがコツです。ただ、握りつぶすことが目的ではないので、1センチ握り込んだところで自分でロックをかけるような感じでそれ以上握り込まないようにしましょう。お結びを握るように決めた型以上は握り込まないという感覚です。相手が女性なら、若干弱めで、でもしっかりと握りましょう。2、3度振ったら終わり。あまり長く握り続けているのも変なものです。

KATACHI for conversation

7 最高の笑顔は、最強の防御策!

▶こちらの笑顔は相手に伝播する

　第5項で最強の自己紹介の1つの条件として笑顔をあげました。
　その昔から、異文化が交わる場所では、出会いがしらから顔の全筋肉を総動員して渾身の笑顔を相手にぶつけて「私は害のない存在です」「安心してください。むしろあなたに好意を抱いています」と緊張状態を瞬時に解き、友好的な関係を築いてきたのではないでしょうか。
「柔和で控えめな笑顔」というものでは足りません。あけっぴろげな、ニコッと音が鳴るくらいの満面の笑み。口角をこれでも

か、とグイーンと上げる最高の笑みが有効です。自分の笑顔は相手にも伝染しますしね。相手も笑顔になれば最高です。出会いがしらだけではなく、会話の最中から、お別れのときまでずっと大きな笑顔で駆け抜けたいものです。笑顔に自信のない方は、鏡の前で「笑顔1000本ノック」をしてでも、自分の自信のある笑みを手に入れたいものです。

▶グローバルコミュニケーションは「低文脈」の世界

もう1つ、笑顔は私たちにとって重要な役割を果たします。それは、笑顔はグローバルコミュニケーションにおいて「防御」の役割をしてくれるのです。

それを説明するために、伝達の技術を把握するためのコミュニケーションの第3の原理を紹介させてください。それは、**【原理3】グローバルコミュニケーションは低文脈**ということです。

この「文脈」、いわゆる「コンテキスト」というものについて見ていきたいと思います。

アメリカの文化人類学者であるエドワード・ホール氏が提唱している「コンテキスト（文脈）」とは、大雑把に言えば、コミュニケーションにおける前提のようなものです。つまり、多かれ少なかれどの文化にもコンテキスト（＝いちいち言葉に出さない文脈）があり、簡単なやり取りでも、それ以上の意思疎通ができるということです。つまり「言葉には出さない合意」がコンテキストです。そういった個別の文化特有のコンテキストがあるからこそ、文字情報以上のものが伝わるのです。

さらに、ホール氏は、このコンテキストの強弱が文化ごとに違うとし、コンテキストが高い文化（ハイコンテキスト文化）とし

KATACHI for conversation

7

て日本を紹介しています。日本には、「空気を読む」という言葉がありますが、「口には出さないけど、それくらいわかるでしょ」といったものがたくさんあります。その「濃い空気」の中でコミュニケーションをとっているのが私たち日本人といえるようです。

たとえば、日本人同士の会話では「今週末は、ちょっと……」という言い方をします。ちょっとの先が何なのかをいちいち言わなくても、「都合が悪い」ということを表せます。私たちは、「他の用事があります」と直接的に断るのは強すぎるという思いから言葉を濁しますし、誘っている方も相手が直接的に断りにくいことを十分に知っているので「ちょっと……」と聞いただけで、ダメなんだなと敏感に察し、「あ、ごめん、気にしないで」と早々に誘いを引き上げます。これは、「誘いは断りにくいもの」「直接断ると角が立つ」といった文化的背景を理解した「日本語のプロ」同士のとても高いレベルでのやり取りなわけです。「ちょっと」という明示された言語情報以外のものを、すでに諸々共有しているため、「ちょっと」だけで「難しい」ととることができる。この「ちょっと」という言語情報以外のもので自然とお互いに拾っているものが、コンテキスト（文脈）になります。たとえば、アメリカ人に「Oh, this weekend is a little 〜 .（今週末はちょっと〜）」と言っても、「A little what?（少し何？）」「Difficult?（難しいの？）」と直接的なやり取りに持ち込まれる場合が多いでしょう。

そんな私たち日本人が、強く意識したいのは、==「異文化との対話」とは、「日本の空気や、コンテキスト」を共有していない人との対話==だということです。

▶低文脈では対話のルールが大きく変わる

それは、想像を絶するくらい大変な世界です。小さい頃から慣れ親しんできた「空気」が**ない**わけです。また、かすかな表現でも、敏感にこちらを理解してくれる理解力の高い聞き手もいないわけです。

高文脈（ハイコンテキスト）で生きてきた私たちが、低文脈（ローコンテキスト）のグローバル環境で気をつけたいことは5つあります。それぞれ大切なことですので、後ほど詳しく見ていきたいと思います

1．笑顔を絶やさない（本項）
2．直接的な表現を心がける（第11項）
3．寡黙では伝わらない（第12項）
4．論理の飛躍をさせない（第18項）
5．質疑応答を活用する（第23項）

まずは1．の笑顔を絶やさないを見ましょう。なぜ笑顔を絶やしてはいけないのか。単純です。笑顔が事故を未然に防ぐからです。

お互い違う文脈を持ったもの同士だったら、こちらが発信したことが、意図せず相手を傷つけたり不快にさせたりするかもしれません。低文脈では、そのように意図をはかりかねるような発言も飛び交います。しかし、**常に満面の笑みで楽しげに会話を続ける限り、「他意はない」**ことを明示的に示せるのです。低文脈に慣れていない私たちにとって、最大の防御になるのも笑顔なのです。一瞬たりとも絶やしたくないですね。

笑顔の練習とフレーズ

実践編 Practice

STEP1 鏡の前に立つ

グローバルコミュニケーションでは「かすかな微笑み」というレベル感ではなく、満面の笑みを実現しましょう。

慣れていないと難しい面がありますが、第一歩として鏡の前に立ちましょう。

STEP2 口角とホッペを上げて笑顔の限界を試す

大きな笑みには口角をこれでもかと上げることが欠かせません。ただし、口角だけ上げてもなかなか大きな笑みにならない方は、ほっぺの筋肉も上げてみてください。ほっぺを上げようとすると目が細くなります。まず、これが基本形です。

STEP3 口はあけて前歯を見せる

STEP2の基本姿勢から、まず口元を開きましょう。上の前歯が綺麗に見えるくらいが理想系です。口を開くことで笑顔もさらに自然になります。

STEP4 目を三日月に開く

ほっぺを上げると目を閉じ気味になりますので、最後に目を少し開いてみましょう。カッというくらい大きく開かなくて結構です。三日月をイメージして半開きしてみましょう。大切なのは、この笑みに慣れることです。慣れないとプルプルしてしまうと思います。顔面の体操のつもりで、何度も鏡の前で練習してみま

英語力に関係なくまずは堂々と【会話を始める】 2

笑顔は一度鏡の前で1000本ノックするくらい真剣に研究しましょう。
以下の練習方法と笑顔の似合う5つのフレーズを活用しましょう。

しょう。

笑顔の似合う5つのフレーズ

特に以下の場面では満面の笑みを添えたいですね。

1．《出会いがしら》朝からいきなり最高の雰囲気で！
Good Morning!（おはよう！）ビ カ

2．《感謝》満面の笑みで感謝が倍増！
Thank you!（ありがとう）ビ カ

3．《感嘆》 ワクワク、ドキドキが日常に！
That's super!（すごい!!）カ
That's wonderful! ／ That's great! ／
That's excellent!（すごいですね!!）ビ カ

4．《褒める》 褒められるほうもエクストラな気分に！
Great job! ／ Good job! ／ Well done!（よくやった！）、
Excellent work!（素晴らしいですね）ビ カ

5．《お別れ》 別れのときこそカラッと笑顔で！
Good bye!（さようなら）ビ カ
See you!（またね！）カ

KATACHI for conversation

8 中学で習うあの挨拶は一番役に立たない

▶How are you?で
あなたの健康状態を知りたい人はいない

　最強の自己紹介のためには相手に興味を持っていることを示す必要があるとお話ししました。そして、相手への興味を表現するために重要なことの1つとして、アイスブレークをあげました。出会いがしらの冷たい場の空気を丁寧に温めることが大切なのですね。このアイスブレークについては、まずは「How are you?（ご機嫌いかがですか？）」を極めたいと思います。

　皆さんは、「How are you?」に対してなんと答えますか？　多

くの方は、「I'm fine, thank you!（いいです。ありがとう！）」という中学で習う典型的な答えをします。「Fine!（いいよ！）」とだけ言い切る人も多いようです。英語的には問題ありませんが、アイスブレークとしてはよろしくありません。

当然ですが、相手が医者でもない限り、「How are you?」であなたの健康状態を聞きたいわけではありません。出会いがしらにとりあえず何か話をしたい。つまりアイスブレークをしたい。ただ、特に話題が見つからないので柔軟に話題を広げられる「How are you?」で無難に会話を始めているととらえたほうが有効です。昨夜、あなたがコンサートでピアノを一曲弾いていたとわかっていたら「How are you?」なんてまどろっこしいことは言わずに「How was the piano recital last night?（昨日のピアノはどうでしたか？）」と一気に興味のある話題に切り込んでいくはずです。「ちょっと話したいけど特に話題がない」ときに始まるのが「How are you?」なわけです。ここで、「Fine!」とだけ答えて黙り込むのは、せっかく始まろうとしているアイスブレークを強制終了しているようなものです。相手も扱いに困り、では早速（ビジネスの）本題に入りましょうか、となっていきます。場が温まっていないうちに本題に入る。これは最悪です。

▶How are you? はアイスブレーク開始の合図

自己紹介では、相手に興味を持っていることを見せたいものです。いきなりビジネスや本題では、「おいおい、いきなりかよ」「あんたはビジネスには興味があるけど私には興味がないのか」ととられてしまうかもしれません。アメリカ企業の会議室にはよく隅のほうにコーヒーやスナックが置いてあります。朝であれば

KATACHI for
conversation

8

簡単なデニッシュやドーナツなどがあります。入室すると
「Help yourself.（お好きにどうぞ）」と言われます。この軽く何か
をつまみながらコーヒーをいただくのが、まさにアイスブレーク
には持ってこいなんですね。コーヒーのいい香りと甘いものがさ
らに場を温めます。そんな「仕掛け」があるくらいアイスブレー
クは重要ととらえられているわけです。

　<mark>アイスブレークは場を温めるのと同時に、お互いのことに興味
を持ち、相手に敬意を示す行為</mark>なのです。そうです。人はだれし
も自分のことをわかってほしいわけですからね。個人をないがし
ろにされたら面白いはずがありません。これを、「Fine!」でバ
シッと終わらせてしまっては、その後の会話がうまくいくわけが
ありません。

▶How are you? がきたら必ず何かを添えて返す

「How are you?」と聞かれたら、「I'm fine, thank you!」以上の
回答をし、会話が回転するように努めましょう。

　具体的には、会話が収束しないように（１）何か話題が膨らみ
そうな話をする、か、（２）質問で返す、になります。

　たとえば、話題が膨らみやすいように、こちらからも何かボー
ルを投げてみます。たとえば、「Very well, thank you. I just had a
great walk this morning.（とてもいいです。ありがとう。今朝、
とても素晴らしい散歩をしました）」と返したら、「Oh, how long
was your walk?（どれくらい歩いたんですか？）」とか「Where
did you walk?（どこを歩いたんですか？）」と相手が食いつき会
話が回り始めます。まずは、「Fine!」以上の情報を付加すること
を考えたいです。身の回りのことでも、小さなことでもよいで

す。なんでもいいので何か情報を付加しましょう。

　さらに、可能であれば「イレギュラー（通常と違うこと）」な情報は相手も話をかぶせてきやすいのです。たとえば「今朝朝ごはんを食べすぎてしまって」と始めれば、「なんでまたたくさん朝ごはん食べたの？」などと会話が続きます。

　また、質問で返すというのも会話が続きます。単純なところでは、「Very good! How about yourself?（とてもいいです！　あなた自身はどうですか？）」というだけでも会話が盛り上がりますね。あるいは、「Very good, thank you. Did you sleep well?（とてもいいです。あなたはよく寝れましたか？）」という返しも会話が広がりますね。

　相手を「仕事相手」ではなく「個人」として大切に扱うことがアイスブレークの役割です。「今日はビジネスの話も当然あってきたんだけど、何しろあなたという個人に会えて嬉しい」という姿勢を全面的に出していきたいわけです。だから、きっちりとアイスブレークの時間を取りたいのです。

「How are you?」は雑談を始めましょうという合図と心得て、積極的に拾っていきましょう。

| 実践編 _Practice_ | # How are you?への返し方 |

How are you?への気の効いた返し方

Great, great, great!（よいです×３）でインパクトを。**カ**

Good, good, good!（よいです×３）もよく使われます。**カ**

Great, thank you for asking！
（よいです。聞いてくれてありがとうございます）**ビ** **カ**

I feel great! Could not be better!
（これ以上よくならないくらい最高だよ！）**ビ**

単にボールを投げ返す

　どうしても何も会話が思い浮かばないときはズルイですが相手にボールを返しましょう。ただし、I'm fine, and you? の棒読みは避けたいところです。

How ARE you!?　特に ARE を強調すると、あなたのこともぜひ聞きたいです、といった丁寧な返し方になります。**カ**

Thank you for asking, how about yourself?
（ありがとうございます。そちらはどうですか？）**ビ**

簡単な質問を投げる

How was the flight?（フライトはいかがでしたか？）**ビ** **カ**

How was traffic coming over?（運転してきた人に）（道路は混んでいましたか？）**ビ** **カ**

Do you have jet-lag? ／ No jet-lag?
（時差ぼけはありますか？）**ビ** **カ**

How is your family? ／ How are your kids?（ご家族／お子さんはいかがですか？）**ビ** **カ** 仲のよい間柄であったり、前回面談時に

家族の話が出ていればふさわしい話題ですね。
How is the hotel?（ホテルはいかがですか？）ビ カ
How do you like Tokyo so far?(東京はいかがですか？)ビ カ
How long are you staying?
（どれくらい滞在されるのですか？）ビ カ

イレギュラーな情報で話題提供

Very good! Actually, I went to bed very early last night.
（調子よいです。昨日早く寝たんだ）ビ カ

　イレギュラー（いつもと違う）情報は、「なぜですか？」「何時に？」など会話がつながりやすい。たとえば、I slept well だけでは会話がつながりにくい。

I just had a big breakfast.（朝食をたくさん食べました）ビ カ
Actually, I have heavy jet-lag.（ひどい時差ぼけなんだ）ビ カ
I missed breakfast.（朝食を取り損ねました）ビ カ
I took a long walk this morning.（今朝とても長い散歩をしました）ビ カ
I jogged this morning, and I feel great!（今朝ジョギングしてとても気持ちがいいです）ビ カ

KATACHI for conversation

9 名刺交換を武器にする

▶海外には明確な名刺交換の文化がない

　名刺交換はぜひ武器として有効に使いたいものです。海外では、日本のビジネス文化ほどカッチリした名刺交換の文化はありません。自己紹介が終わってから思い出したように出してきたり、なかにはテーブルの向こうからピンッとスライドさせてよこす人もいるほどです。ただ、これを使わない手はありません！

▶名刺交換こそ最高のスタートのチャンス！

　名刺交換は、アイスブレークとしてとても有効ですし、相手の

名前をキチンと覚える絶好の機会でもあります。

　まず、アイスブレークとしての名刺交換です。

　名刺は、話題の宝庫です。アイスブレークに使えるコンテンツが山盛りに入っています。

　まずは、住所。オフィスのある場所が書いてあります。シカゴとかニューヨークとかわかりやすい場所でも「一度訪問したことあります」「そこ行ってみたかったんです」などで話は膨らみますし、聞いたことがないような住所なら「こちらはどのような場所なのでしょうか？」という話題にも持ち込めます。日本人同士でも初めて知り合った相手ともとりあえず「どこの駅に住んでいますか？」とか「どちらのほうにお住まい？」などから無難に始められるように、「地理の話題」は初対面の人同士ではとても有効です。

　次に、部署や役職名です。これは、特に相手の組織に詳しいときに使えます。「マーケティングの方ですね。セールスのスミスさんを存じ上げております」「R&Dの方ですね。この前御社が発表された新素材の研究にもかかわっておられましたか？」など、人間関係や、業務の範囲などが可能です。共通の知り合いの話をすればぐっと距離は近づきますし、面談の内容とは直接関係のないところで相手の会社や相手の仕事に対して質問できれば、それは相手への興味を示せます。

▶ 相手の名前を覚えるチャンス

　このほかに、ロゴだったり、ISOの取得マークだったり、話題にしようと思えばできるものがいくらでも入っています。

　さらに、名刺交換は、相手の名前を正しく覚えるチャンスで

す。基本中の基本として相手の名前を覚える必要があります。ビジネスがどうこう言う前に、人間関係として当然ですよね。ですが、外国人の名前はとても覚えにくいものです。相手が複数いたときなどは、自己紹介が終わり席についたとたんに忘れてしまうかもしれません。そして、恐ろしいことに、**欧米人は人の名前を覚えることに長けている人が多い**です。下手に忘れてしまったら……目も当てられません。

　ここで、名刺交換が役に立ちます。何しろ「物」として名刺をもらえるわけですから安心ですし、聴覚情報だけだとなかなか記憶に残りにくいものもありますが、名刺上の視覚情報も添えることで記憶を安定させることができます。

▶相手の名前が読みづらかったら

　国や地域により大きく変わることもありますが、一般的には、ビジネスの初対面では、相手側から「Call me Tom.（トムと呼んで）」など、ファーストネームで呼ぶように言われても、きちんと Mr. Smith などの敬称＋ラストネームで呼ぶほうが丁寧ですし無難です。ただし、ラストネームの中には、読みづらい名前、珍しい名前も多いです。そのときは、「Could you pronounce your last name again?（もう一度ラストネームを発音していただけませんか？）」と聞きなおします。頑張ってその場で発音できるようにしましょう。ただし、2、3回頑張ってもどうしても発音できないときがあります。そのときはたいてい向こうが微笑みながら「You can call me Tom.（トムって言ってくれてもいいよ）」と助け舟を出してくれます。そのときは甘えさせてもらいましょう。

英語力に関係なくまずは堂々と【会話を始める】 2

▶ 相手から自分の名前も呼びやすいように

　また、これは、私たちの名前についても同様です。できるだけ呼びやすいファーストネームや、ニックネームを提案すると向こうも覚えやすくなります。あるいはは何かエピソードを用意するのも名前を覚えてもらいやすくなり、相手との距離を縮めます。

　ちなみに僕は、ノリヒトという名前ですが、さすがに外国の方には言い辛いのもあるかと思うので、「Nori（ノリ）」で通しています。名刺には「Norihito（ノリヒト）」と入っていますが最初から「I'm Nori.（ノリです）」と名乗ります。大学時代からいまでもそうしているのですが、国際鉄鋼ビジネスに携わっていた数年のだけ例外がありました。

　あるお客さんが、僕に「ジャンボ」という渾名をつけました。アメリカ人から見るとなぜか、僕はプロゴルファーのジャンボ尾崎さんに似ていたらしいのです。それが、あまりにも一人歩きしていろいろなところで「ジャンボ」と呼ばれるようになったため、観念して初対面から「ジャンボと呼んでくれ」と言うようになりました。当然そう言うと、「なんでジャンボなんだ？」と必ずアイスブレーク的に会話が続きますので初対面からほぐれます。また、ジャンボ自体が、覚えやすく、親しみやすいようで、とても好評でした。

　あるいは、ユウスケという友人は「Yusuke, not You-suck.（ユウスケです。You suck（お前ダメだな、という表現）ではありません）」と笑いを取って敷居を下げていました。

　少し変わったニックネームや呼びやすい名前。あるいは面白い自己紹介を考えてみるのもよいかもしれません。

実践編 Practice

正しい名刺の渡し方・受け方

STEP1 サッと名刺を渡す

Here's my card. / **This is my card.**
（私の名刺です。どうぞ）ビ カ

　あえて両手を添えて丁寧に渡してもよいかもしれません。当然ですが笑顔とアイコンタクトを絶やさずに。自然と相手から渡してくれる場合がありますが、そのまま渡さずにあとでピンと机越しに投げられると折角のアイスブレーク時にこの有用なツールが使えません。出会って間もないタイミング（握手の直後などに）こちら側から渡す癖をつけるとよいかと思います。

STEP2 簡単な説明を添える

　名刺を見せながら少し補足情報を入れることで相手に覚えてもらいましょう。

I'm from the Marketing Department of Japan Technology.
（Japan Technology のマーケティング部門のものです）
I'm from Sales.（営業です）
I'm the plant manager.（工場長です）
I'm responsible for Marketing. / I'm in charge of Marketing.
（マーケティングの責任者です）
　後の人がつかえていないようでしたら、このあたりを切り口にアイスブレークとして大いに話してみましょう。

英語力に関係なくまずは堂々と【会話を始める】 **2**

「攻め」の名刺交換のための4つの基礎STEPと、5つのキーフレーズです！ 名刺交換を起点に一気に相手との距離を縮めましょう。

STEP3 名刺をいただく

　名刺をもらった際は、アイスブレークと相手の名前の確認の絶妙のチャンスです。

Thank you! Oh, you're the plant manager.
（ありがとうございます。あなたが工場長さんですね）ビ

　かねてよりお名前は聞いていましたがようやく会えましたね、というときは以下もいいでしょう

Oh, we finally meet. （ようやくお会いできましたね）ビ

STEP4 名前を確かめる

I'm sorry, Could you please repeat your name?
（もう一度お名前よろしいでしょうか？）ビ

How is your name pronounced?
（お名前どのように発音すればよろしいでしょうか？）ビ

KATACHI for conversation

10 廊下ですれ違うときは、「ハイ」ではなくて「ジョージ」

▶ できるだけ相手の名前を呼ぶ癖をつける

　英語環境では、日本語の環境以上に相手の名前を呼ぶことをおすすめします。1つは単純に相手の名前を早く覚えるためです。聞いたうちから何度も使えば比較的簡単に覚えられますからね。

　もう1つは、もっと大切なこととして、相手との心理的距離を縮めるためです。そうです、人は自分のことをわかってほしい生き物なのです。**名前を発言されるだけで嬉しくなるものなのです**。第5項でも紹介したアメリカのコミュニケーションの大家、

デール・カーネギー氏は、「Remember that a person's name is to that person the sweetest and most important sound in any language.」と言います。つまり、自分の名前こそがその人にとって最も愛すべき、また、重要で一番聞きたい音だというわけです。だれかに「ありがとう」と言われるとき、単に、「サンキュー」と言われるよりも「サンキュー、ノリ」でも「サンキュー、ミスター・コダマ」でも、最後に自分の名前を呼ばれるほうが圧倒的に響きます。

　ぜひ実際に、ご自分の名前を入れて呟いてみてください。ぐっと親近感がわくのではないかと思います。

　日本語環境でしたら、ちょっとした小話や言葉の言い回しでパーソナルな関係を築いていけるかもしれませんが、英語環境では、そのような技も限定されます。そんなとき、お奨めなのが、まずは「相手の名前を呼ぶ」ことです。それだけで相手との心のチャネルが開き始めるはずです。

▶公の場でもプライベートの話に持ち込む

　ここで、１つ考えたいのは、私たち日本人の「公」というものに対する感覚です。例のコンテキスト（文脈）の提唱者のホール氏の著書『新装版　文化を超えて』（TBSブリタリカ）に「日本人には相反する二つの側面がある」という興味深い考察があります。「第一は、非常にコンテキスト度が高く、包容力があり、他人と深くかかわり合う親密な面で、それは子供時代に家庭でつちかわれ、やがてその範囲はもっと広がっていく。日本はこの親しい関係を必要とし、そのなかで初めて安らぎを覚えるのである」さらに、「もう一つの面は、正反対である。つまり、公の場や儀

式ばった席（挨拶に始まって、日常生活のなかにもあらゆる儀式がある）では、自己を強く抑制し、他人との間に距離をおき、自分の感情は表さない」（P.80）とあります。また、「（日本人は）公の場での、形式的で事務的、かつ身分にこだわる儀礼的側面がある。外国人が見ているのは普段後者である」（P.81）ということです。

大雑把に言ってしまえば、日本人は内輪ではベタベタした／ハイコンテキストな関係性を好むが、外（公の場）に出れば、クールで澄ました関係を維持する、ということでしょうか。

よくアメリカの映画で主人公がマンションのドアマンと仲よく話している場面を見ます。ドアマンだろうが、仕事中だろうが、ひとりの人格ある人として扱っているように見受けられます。海外の多くの国では、公も大事だけど、個も同様に尊重するという概念があります。グローバル環境では、この私たち日本人が公の場で持ってしまいそうなクールさではなく、身内に見せる親密さを築く姿勢のほうがふさわしいと感じています。

難しいことはありません。前述のとおり、名前を呼ぶだけで関係は一気にパーソナルになるのです。まず、第一歩として相手の名前を少し多めに呼んでみるところから始めてみましょう。

▶ 相手の名前を呼ぶ形はいろいろある

たとえば、ネイティブの同僚と廊下ですれ違ったときなど、「ハイ」とにこやかに挨拶するのもいいですが、ファーストネームで呼び合う仲なら、「Ken」と相手の名前だけ呼んですれ違うこともアリです。ハイもなしに Ken だけです。これは単なる「ハイ！」の交換よりもずっと親近感がわきます。やはり自分の

英語力に関係なくまずは堂々と【会話を始める】 2

名前で呼ばれるのはうれしいものです。ああ、名前覚えてくれていたんだ、となりますし、一気にお互いの心の回路がつながれた気さえします。

　映画『オーシャンズ11』のシーンでも、ジョージ・クルーニー演じる「ダニー」が、元妻の新たな旦那である「テリー」とディナーを共にし別れる際に、「バイ」とは言わずに、「ダニー」「テリー」と名前を呼び合って、それではね、とばかりに別れるシーンがあります。名前を呼ぶこと自体が簡単な挨拶になったりすることもあるわけですね。

　僕が2年間通ったハーバード・ビジネス・スクールの同級生には、社交上手が多く、彼らは相手の名前を的確に使っていました。前述のとおり、僕の名前は「Norihito（ノリヒト）」と少し言いにくいこともあり、学生時代から「Nori（ノリ）」で通っています。

　でも、ハーバードの同級生たちは、「『Nori』はニックネームだろ、本当の名前は何だ？」と聞いてきます。「本当はノリヒトだ」と教えると、2、3度発音して正しい音を覚えます。しかも、これは興味本位に聞いていただけではありません。普段は「Nori（ノリ）」とカジュアルに呼んでいるのに、大切な話をしている最中にいきなり「Norihito-san（ノリヒトさん）」とフルネームで、さらにご丁寧に日本の敬称である「さん」までつけて呼んできます。それをされたときの親密度の上昇といったらありません。ああ、この人は自分にしっかりと興味を持ってくれているんだな、と感じずにはいられないのです。**会話の中で自分の名前が呼ばれることの威力は計り知れない**わけです。ぜひ取り入れてください。

名前を呼ぶときに似合うフレーズ

実践編 *Practice*

名前を呼ぶと威力が増すとき（一般的）

　名前を呼びたいときは、ここぞというタイミングです。その意味では第7項の笑顔を出すタイミングと同じです。以下の場面で名前まで呼ぶとさらに威力が増すでしょう。

1. **【出会いがしら】** 朝から最高の雰囲気で！
   Good morning, Ken!（おはよう！）ビ カ
2. **【感謝】** 満面の笑みで感謝が倍増！
   Thank you, Ken!（ありがとう）ビ カ
3. **【感嘆する】** ワクワクがパーソナルに！
   That's excellent, Ken!（素晴らしい！）ビ カ
4. **【褒める】** 褒められるほうもさらにいい気分に！
   Good job, Ken! ／ Well done, Ken!（よくやった！）ビ カ
5. **【お別れ】** 別れのときこそカラッと笑顔で！
   Goodbye, Ken!（さようなら）、See you, Ken!（またね！）ビ カ

英語力に関係なくまずは堂々と【会話を始める】 2

相手の名前をそえることで一気にスペシャル感が出ます。
まずは以下のフレーズから！

名前を呼ぶと威力が増すフレーズ（特別なとき）

【お願いごと】「あなたにしか頼めない」を表現

Ken, could you do me a favor?（ケン、ちょっとお願いごとがあるんだけど）ビ カ

　大切なお願いをするときはぜひ名前を呼びたいですね。

You have to help me, Ken.（ケン、助けてよ）カ

【頼りにしている】「本当にあなたが必要」を表現

Ken, we are really counting on you.
（ケン、頼りにしているよ）ビ カ

We need you, Ken.（ケン、君が必要なんだ）ビ カ

How could we live without you, Ken?（ケン、君なしでどうやってやっていけるというんだ？）ビ カ

【盛り上げる】「君と話していると楽しい」を表現

You have to believe me, Ken.（ケン、本当だって！）カ

You have to be kidding me, Ken.（ケン、冗談でしょ！）カ

Ken, are you serious?（ケン、本当ですか？）カ

【あなた、最高です】「愛しているよ〜」を表現

Oh, Ken, you're the best.（ケン、最高だな、お前）カ

Ken, you made my day.（ケン、おかげでいい日になったよ／助かったよ）カ

Ken, you are the man!（最高だよ、ケンって）カ

【一緒にやりましょう】あなたと一緒に仕事をしたいんです

Mr. Smith, let's tackle this together!（スミスさん、どうしてもあなたと一緒に挑戦したいんです）ビ

077

KATACHI for conversation

11 相手の話には、ブンブン音が出るくらいうなずく

▶ 真剣に聞く姿勢はいいが、話し手を不安にさせない

　低文脈のコミュニケーションで気をつけることの**2つ目が「直接的な表現を心がける」**です。私たち日本人は、かすかな表現で物事を伝える達人です。濁した言葉。微妙な声色。わずかな表情の動き。さまざまなかすかな表現で物事を伝えることができます。これは、本質的には「聞き手」の察する力が強いということですが、グローバルではそうはいきません。相手があなたを察してくれるとは期待しないほうがいいでしょう。だから、「直接的な表現」で真正面から伝えていきたいのです。まず、第一歩は、単純なところですが「うなずき」からです。

英語力に関係なくまずは堂々と【会話を始める】 2

　以前、ある日本の大企業で、同社の外国人役員が英語で話す場に立ち会う機会がありました。聴衆は30人くらいの日本人社員。わりとアットホームな雰囲気で、外国人役員の方は、同社の戦略についてパワーポイントも用いて40分程度話されました。

　30人前後の日本人社員は、この間ひとことも聞き漏らすまいと、「傾聴」していました。その集中力たるやすごいものがあり、文字どおりピーンと張り詰めた緊張感のようなものを感じたくらいです。「役員」の方の話であるわけですし、さらに「外国の方」がわざわざ話してくださるわけで、しっかり聞こうとなったのでしょう。

　しかしながら、その外国人役員の方は帰り際、僕に「彼らは私の話に興味を持ってくれていたのだろうか」と心配そうに問いかけてきました。そうです。日本人の社員の方があまりにも集中して微動だにせずに聞いていたので、話に興味がなかったのではないか、と思われたのでした。

　相手の英語を聞いているとき、実に9割近くの日本人英語学習者の方は、ガチッと固まっています。

「英会話」というとどうしても身構えてしまいます。どうしても、「ウッ、英会話だ」、となってしまいます。そして、「しっかり聞き取らなければ」と気合が入ります。「ひとことも聞き逃してはならない」という気持ちになり、まさに、リスニングテストのような状態になっていき、衣擦れの音さえ起こさないように、息まで止める勢いでジッと固まって相手の話を聞く体勢に入ってしまうわけです。

　これは、「人の話を真剣に聞く」という心構えとしては素晴らしいと思うのですが、問題は、相手からどう見えているか、とい

KATACHI for
conversation
11

うことです。自分が話しかけている相手が、身じろぎせずに、ジッと固まってしまっていたら、「無反応」に見えます。相手は「自分の話に興味を持っているのだろうか」と不安に思い始めるに違いありません。さらにそんな無反応状態にストレスさえ感じるはずです。そうです。「聞いている」を大袈裟に表現しないと、相手には「聞いている」と伝わらないのです。

自分が一生懸命話しているのに興味を持ってもらえないのであれば、早々に「ま、いいか」と会話は終わるかもしれません。そうです。人はだれしも忙しいのです。逆に、「ああ、この人自分の話を真剣に聞いてくれているな」とわかったら、口から泡を飛ばしてでも会話を続けるでしょう。そう、人はだれしも自分のことをわかってほしい動物なのですから。

低文脈のグローバル社会では、直接的にいろいろなことを表現していきたい。ジッと相手に耳を傾けていたら「聞いている」と思われる、とは思わないでください。聞いているのだったら、聞いていることを直接的に表現する。それが直接的な表現の第一歩です。

▶効果的な頷きで、話し手は気持ちよくなる

「聞いている」を大きく表現するためには、まずはうなずきです。うなずきの威力は実際にすごいものがあります。

皆さんも、動画サイトなどでインタビューの様子を見たことはありませんか。注目したいのは、聞き手側です。インタビューをする側としては、語り手にもっとたくさん、もっと重要なことを話してほしい。ノリノリになって喋ってほしいものです。まぁ相手の話を聞き出すのが仕事なのですから。

そういったインタビューをする人は皆、実に大げさにうなずきます。うーん、なるほど、そうなんですねぇ、うぁ、すごい、とうなずきまくります。当然ながら、相手を乗せるためです。そんな単純とも思われる基本的なことを、インタビュワーという人は話を引き出すプロとして愚直にやっているのです。

　極上のうなずきは武器となります。僕は長く働いていた総合商社では、相手から情報をとったり本音を聞き出したり、つまり、相手に忌憚なく喋ってもらうのが商売です。その商社の中でも、トップクラスの人材は間違いなくうなずきを極めていました。極上のうなずきで相手をもてなすのです。的確で誠意のこもったうなずきは、相手を饒舌にさせます。相手は「話したい」モードに入れるのです。そんなうなずきの達人はグローバル環境になるときには、２段階ぐらいさらにギアを入れます。つまりもっと大きなうなずきをするのです。

　うなずくことは、ほんの少しの心がけでいますぐにできます。それどころか、ひとことも英語を喋らずに、それだけで、会話はよろしく大回転し始めます。

実践編 Practice

「うなずき」を使い分ける

うなずく前の3つの基本

1. おへそを向ける

まずは何しろ体の向きです。有能な**「聞き上手」なビジネスパーソンは会話の際、顔だけではなく体ごと真正面から相手と向き合います**。上半身だけ向くのでも足りません。おへそを相手の正面に向けます。

2. 活目せよ！

次に、相手の目を見据えましょう。目をつぶってうなずくのはよろしくありません。腕を組んで目を閉じてうなずいているのは、日本人の間では瞑想しながら傾聴しているように見えるかもしれませんが、外国の方からしたら「寝てるのか」と思われてしまうかも。**カッと目を開いて相手を見つめましょう。**

3. 口元に笑みをたたえる

口元には大きな笑みをたたえましょう。これで相手の話を聞く姿勢のできあがりです。

うなずき方も本気でやろうとすれば、やり方次第でだいぶ変わります。いろいろ工夫ができますので、一度研究してください。

　基本姿勢を確認してからうなずいていきましょう。**かすかなうなずきではなく、普段の倍くらいを意識してさらに「んん、んん」と自然に声が出てくるような感覚で深くうなずく**とよいでしょう。

うなずきのバリエーション

1. ニンマリうなずき

　そうそう、わかる、わかる、わかる！といいたいときは、うなずきながらニマッとします。これでもか、というくらい**口角を上げましょう**。

2. 目をワイドオープンに

　そうなんですか！と聞いた内容に大きな驚きを伴うときは、目を大きく見開いてみたいです。特に**眉毛を「逆ハの字」に大きく跳ね上げながら大ぶりのうなずきを添える**ことで「知らなかった」「すごい情報だ」となります。

3. ゆったりロングストローク

　なるほど、そういうことかーと相手の意見に納得するときは、それが端緒を開き自分も思考を始めながら聞くとき、うなずきはゆっくりとなり、そして大きくなっていくとわかりやすいでしょう。このとき、目を細めてみるのも「考え始めていますよ」というサインにもなり有効です。

3

英語を話すのではなく
会話する

【会話を続ける】

Continue the conversation

KATACHI for conversation

12 ちゃんと聞いていることを、声で表現する

▶「理解しています」を明示的に伝える

　前に紹介したとおり、極上のうなずきは、忙しい人に「もっと喋りたい」と思わせる最強の武器の1つです。そして、相手の話に的確にうなずくことは、低文脈の環境の注意点、「2．直接的な表現を心がける」に合致します。ここで、「うなずき」をさらに強力なものにするために、もう1つ徹底したいことがあります。それは、相づちです。きちんと声を出して合いの手を入れていくということです。

　「Right.」「That's right.」だとか、「Yes.」といった「合いの手」を入れるのです。

英語を話すのではなく会話する【会話を続ける】 3

▶黙っていては伝わらない

　低文脈（ローコンテキスト）の環境の３つ目の注意点、「寡黙では伝わらない」を見ていきましょう。高文脈（ハイコンテキスト）の日本の社会では、聞き手の「察する能力」が非常に高いため、明示的な意思表示をしなくても伝わることはたくさんあります。残念ながら低文脈の文化では、こうはいきません。

　僕は、アメリカの全寮制の大学に留学しました。ここでは、アメリカ人のルームメイトがいたのですが、一緒に住むことでさまざまな学びがあります。大いに楽しい時間を共有しますし、大いに小競り合いやら喧嘩もします。兄弟みたいなものですね。最初の喧嘩は、入学して３週間くらいの頃です。僕がルームメイトのトムの目覚まし時計の音に腹を立てたのでした。僕がまだ寝ている早朝に彼は大きな音で目覚まし時計をかけます。そしてその目覚まし時計がベルの代わりにラジオ番組が始まる類のものであるため、彼は大音量で２分間くらい目覚まし時計を聞きます。まぁ、いきなり喧嘩もしたくなかったので最初は耐えました。途中から、寝返りを打ったり、咳払いをしてみたり、行動で示そうとしました。ただ、私の発した「サイン」は彼には届かなかったようで、毎朝の大音量目覚ましは止まりませんでした。

　我慢の限界にきた僕は怒りました。そのときのルームメイトの言葉が忘れられません。彼はまったく悪びれもせず、「音が大きいと言ってくれたらすぐに小さくしたのに、なぜ言ってくれなかったの？」ということでした。寡黙にしていては、伝わらないのです。それを思い知った瞬間でした。

　私たちは、グローバル環境では、寡黙から脱却したい。ただ、無駄にお喋りになってください、ということではありません。大

087

KATACHI for conversation

12

切なことは、相手の察する能力に過度な期待をせず、必要なことを積極的に発言していくことです。積極的な発言については、これからいろいろ見ていきたいと思いますが、まず、すぐにできることから始めます。それが、この「相づち」になります。

強い相づちは、すごいパワーがあります。それが適切に繰り出されたとき、あなたは、「寡黙な話の聞き手」から脱却します。それどころか、**相づちだけで会話をリードしていく立場にさえ立てます**。

たとえば、普段、小さい子どもと話をするときを想像してください。皆さん、派手に合いの手を入れているはずです。「…へぇ、……そうなんだぁ……すごいねぇ……ほんとう？……ふーん」といった具合に激しく相づちを打っていませんか？

派手に相づちを打つ理由は、せっかく話している子どもの話を温かく聞いてあげよう、もっと引き出してあげよう、楽しく会話をさせてあげよう、といったところではないでしょうか。そうです。「会話の盛り上げ係りになる」ということです。つまり、能動的に会話を引き立てている人になるわけです。

皆さんが会話の盛り上げ係りになれば、相手もさらに喋りやすいのです。「私の話を全開に引き出してくれる機会がある」となれば、話にも力が入るのが人間です。ノリノリになります。どんどん勢いがついていくでしょう。そして、これ、一文も英文を話さずにできることなんです。絶対に取り入れたいですね。

積極的な聞くスキルは、さまざまなところで用いられています。「アクティブリスニング」という考え方もあります。相手の真意を引き出すために能動的に聞いていく行為です。このアクティブリスニングは、アメリカの人質解放などで活躍する交渉の

英語を話すのではなく会話する【会話を続ける】 3

プロも大切だと言っています。極限状態の人を理解し合うために
も有効な手法なんですね。攻めのリスニングをしていきたいもの
です。

▶ **英語が苦手な人ほど大袈裟に理解していることを表現する**

さらに、もう1つ考えたいのは、残念ながら、私たちの英語力
は完璧ではないということです。そして、それは相手もわかって
います。厄介なのは、相手からすると、あなたがどれくらい理解
してくれているか推し量ることができないということです。「こ
の人の英語のリスニング力で自分の話が通じているかなぁ」とい
う不安を抱えながら話しているかもしれません。皆さんも、たと
えば小さい子どもと話すとき、たまに、小さくうなずいていて
も、声も発せず目も合わせてくれなかったら、「聞いているよう
だが、本当に理解してくれているのだろうか」と不安になるかと
思います。逆に「うん、うん」と大きく相づちを打ってくれれば
「理解してくれている」という実感のもと自信を持って話を進め
られます。そんな効能もあるのです。

先ほどの「うなずき」と併せて派手な相づちを入れていきま
しょう。また、忘れてはいけないのはアイコンタクトです。想像
してください。あなたの目の前で、あなたの目をジッと見つめ、
熱心にうなずきながら大きな相づちを打っている人間がいたら。
あなたは自分が話しながらも相手に引き込まれていくはずです。
あなたの相づちは、話し相手が常に欲しているであろう「自分の
話を聞いてもらえる」欲求を上手に満たし、さらに、英語が苦手
でも「会話を盛り上げる係り」となっていく有効で大きな第一歩
になるのです。ぜひやってみてください。

実践編 Practice

相手を乗せる強力な相づち

1. Right（なるほど） ビ カ

「確かに」といった肯定的なニュアンスもありますが「なるほど」「そうなんですね」と相手の話に感嘆しながら聞いているといった感があります。フォーマルなビジネスの会話でも使える便利な相づちです。極端な話これだけマスターするだけでも十分通用します。

Right だけですと単調なので、「That's right.（そのとおりですね）」と That's をはさんでみるのも手です。

あるいは、「Is that right?（そうなんですか）」と疑問形にしてみるのもよいです。ただ、「Is that right?」はいぶかしそうな顔をして言うと「本当ですか？」と少しネガティブな形にとられることもありますのでご注意を。驚きで眉を吊り上げながら言うと「たまげましたよ。そんなことがあるのですね」となります。

2. Really?（ホントにぃ？） ビ カ

「本当ですか？」というニュアンスですね。驚いたときや知らない情報を受けたときに使います。これもいぶかしそうに言うのではなく「おったまげました」という表情で言います。ただ、あまり多用すると日本語の「マジで？」を多用するような感じで、信頼性が薄れます。また、相手はずっと嘘を並べているわけではないので、何度も Really と繰り返すのも不自然です。

ここぞの一発としたいですね。

3. Exactly! ／ Absolutely!（そのとおり） ビ カ

「まさにそのとおり」という強い合意の相づちです。「ホント、

英語を話すのではなく会話する【会話を続ける】 **3**

的確な相づちを打つことで自身を会話の中心に据え、相手を乗せることができます。特に3つのフレーズをマスターしましょう。

そのとおりですね！」と強い肯定感を示す句になります。当然ながら何度も言うと白々しく聞こえますので、ここぞというときに、たまに言うくらいにしたいですね。

なお、Absolutely は、以下のように言葉を連ねることで迫力のある言い回しになります。

Absolutely yes!（絶対に yes だよね！）ビ カ
Absolutely not! Absolutely no!（絶対に Not(no) だよね！）ビ カ
Absolutely right!（確かにそのとおりだよね！）ビ カ
Absolutely true!（確かにそのとおりだ！）ビ カ

● その他
Wow!（ワォ）ビ カ

　驚きを示します。特にワーオと長めに発音してみたいです。ビジネスの場でも本当に驚いたときは使っても大丈夫でしょう。

Yeah（ふーん）カ

　相づちの Yeah は合意を示しているというよりは、緩い感じで「聞いていますよ」というニュアンスが強いものです。

Uh-huh（ふんふん）ビ カ

　おなじみのネイティブの口ぐせ、「アーハー」です。「うんうん」「へぇ」といったニュアンスです。「聞いています」ということを無難に表現することができます。

KATACHI for conversation

13 手を自由にすれば大きな声が出る

▶声が小さいだけで、相手は注目してくれない

　最強の自己紹介のために大切なこととして、「2.自信のある大きな声」をあげました。当然ながら、これは自己紹介のときだけではありません。忙しい相手から大切な時間を切り取る（自分との会話に興味を持ってもらう）ための最も有効な武器の1つが、大きな声です。多くの方が英語になると、ボソボソ、ゴニョゴニョと声がどんどん小さくなっていきます。英会話になって緊張する気持ちは十分理解できますが、声が小さくなればなるほど、相手から「きっと重要じゃないことを話しているんだ」と思

われるでしょう。次第に興味は薄れ、最後は形だけ耳は傾けていても、心は他のところに飛んでいます。英語はさらに伝わらなくなり、会話は実質的に終焉するでしょう。さらなる苦手意識が植えつけられる負のサイクルの始まりです

　リーダーシップ論の大家であるハーバード・ビジネス・スクールのジョン・コッター教授は、組織の中で変革を起こすためのステップとして、一番最初にやらなければならないことは、「緊急課題であるということの認識の徹底」だと言っています。つまり、周りの人を動かそうと思ったら、これは緊急課題なのである、と認識してもらうことです。

　緊急課題なんだ、重要なんだということを伝えるにはどうするか。簡単です。「火事だ！」と叫ぶのと一緒です。まずは大きな声で重要性を訴えるのです。想像してください。だれかがあなたの目をビシッと見つめ、大きな声で何かを語りかけたら……あなたは「今日の晩飯のおかず」のことを考えられますか？　「週末のデートプラン」に思いを馳せることができますか？　難しいはずです。大きな音響効果も用いて物理的に相手の心を掌握したいのです。当然ですが、大きな声はビジネスにとって大切な「熱意」にもつながるのです。使わない手はないでしょう。

▶手を動かせば、自然と大きな声が出る

　ただ、大きな声で話すことは慣れていない人には難しい。まして、それが英語であればさらに難しい。僕たちのプログラムでも「大きな声を出しましょう」と促しても、皆さん、そう簡単に大きな声は出せません。それが劇的に変わるのは、手を自由にさせた瞬間です。

KATACHI for conversation
13

　多くの日本人の方は英語を話されるとき、ガチッと固まっています。緊張もあるでしょうし、集中していることもあるかと思います。ただ、ガチッと固まっていると「いい声」は出ません。そこで、両手を体の前に出してもらいます。それまでは皆さん、気をつけの姿勢か、手を前か後ろで組んでいる人がほとんどです。それを**両手の手のひらを肘より高い位置まで上げ、手のひらを自分のほうに向けて**もらいます。ちょうどオペ前の外科医が、殺菌済みの手袋をどこにも触れないように両手を前に出している状態です。ここから手を大きくブンブン振りながら声を出し始めてもらいます。

　不思議なことに、それだけで声の大きさは3割増しになり、慣れていくとさらに大きな「いい声」が出始めます。それまでガチッと固まっていたものが、手を自由にすることで胸が開き、肩も開き、気道も開くのですね。丸まった背中も胸が張られたいい姿勢になります。さらに手を振ることで全身が一体となって動き、体から声がひねり出されます。何より手が自然に動くことで言葉にリズムが宿り、最高の声、生きた声になります。思い切った姿勢で、少し驚かれる方がいますが、これで大きな声で話すトレーニングをします。この姿勢で手を大きく振りながら、抑揚をつけて話すのです。Yes とだけ言うときも手を前に突き出して「Yes!」と大きく言うわけです。自然と腹から大きな声が出ます。

　座った姿勢でも同じです。手を机においたままではいい声は出ません。手を浮かせてください。それだけで、机に寄りかからない分、姿勢がずいぶんよくなります。そして自然といい声が出ます。

　英会話のときは、常に、手を浮かせて動かす。たとえ「Yes!」

のひとことを発するときもそうです。極端に思われてもぜひやってみてください。

▶一度大きな声を出してみる

　余談ですが、可能であれば、一度、思いっきり英語で叫んでみてください。海や山に行くなり、あるいは高架下の電車通過中でもいいでしょう。あるいはカラオケボックスでボン・ジョヴィでもかけてシャウトするなんて手もあるでしょう。一度英語で叫んでください。「英語」というものが五臓六腑をのたうちまわり喉を震わせて放出される感覚を味わうことで、とても大切なことを体で感じます。

　それは**「英語」が「言葉」である**ということです。試験勉強のための暗号でもなんでもなく、相手を揺るがし相手を動かすための言葉というものであることを、体全体で感じることができます。だいぶ英語というものが身近なものとなることでしょう。

実践編 *Practice*

自信のある大きな声への工夫

大きな声のための3つのポイント

（1）手：手はフリーに

喋るときは手を自由にして、さらにリズムに乗って動かすようにします。これだけで「よい声」が出やすくなります。

（2）おなか：ぐっと下腹に力を

丹田と呼ばれる鳩尾の下、下腹のところに力をぐっと入れましょう。それだけで声はだいぶ響くようになります。

（3）膝：足は少し開いて膝を柔らかく

足を開いて膝を柔らかくしましょう。膝をリズムカルに動かすことで体全体の力が抜けよい声が出るようになります。

低い声でいい

どちらかと言えば、下腹にぐっと力を入れて低いトーンの声を出しましょう。自信を持った声に聞こえます。また、早口になる必要はありません。ゆっくりでいいので落ち着いて話すほうが相手にも伝わります。

練習方法

キング牧師の有名な演説の以下の一節を用いて練習しましょう。

I have a dream

that my four little children

will one day live in a nation

where they will not be judged

英語を話すのではなく会話する【会話を続ける】 3

よい声は姿勢を変えるところから出るようになります。よい声を出す動作はよい「リズム」にもつながり、より楽に喋れるようになります。

by the color of their skin,

but by the contents of their character.

I have a dream today.

（私には夢がある。いつか、私の4人の小さな子どもが、他人から、肌の色ではなく、性格で判断される国に、住むことだ）

1．紙に書いて壁に貼りその前に立ちます。

2．大きな声で言ってみましょう。あえて、まずは、手は気をつけの姿勢でトライ。

3．さぁ、次は、手を自由にしてみましょう。両手のひらを広げ、肘より高い位置に上げてください。また、脚を肩幅に開き膝を自由にし、丹田と言われるおへそのあたりに力を入れてみましょう。この姿勢で大きな声で言ってみましょう。

4．最後はさらに抑揚をつけてみましょう。極端に、一語一語、手を突き出すような感じでやるとわかりやすいでしょう。

I have a dream. を「I」と言いながら手を突き出し、「have」で突き出し、「a」で突き出す。慣れてきたら、「I have a dream.」で2回くらい突き出すペースでいいです。自分が話しやすいタイミングで手で抑揚をつけながら読み上げてみてください。

何度も何度も繰り返し手を振りながら話すことに慣れてください。英語を話すとき、手が連動する感覚が自身のものになると、ずいぶんリズミカルに、そして軽快に喋れるようになります。慣れるまで徹底的に練習を。

KATACHI for conversation
14 ドラマの主人公のように ボディーランゲッジ

▶英語という異常事態を乗り切るために

テレビや映画で見る欧米人は、派手に体を動かしながら喋っています。たとえば、大げさに肩をすくめるポーズ。

私たちもやってみたくても、やはり少し気恥ずかしさが残りますよね。ただ、ボディーランゲッジは徹底的に使い倒すべきです。

▶ボディーランゲッジで視覚的情報の補足

メラビアンの法則というものがあります。これは、大雑把に言いますと：

●人が情報伝達をするには、言語情報（言葉そのもの）、聴覚

情報（声のトーンや大きさといった聞こえ方）、そして視覚情報（顔色やボディーランゲッジ）の3つがある。

- もし感情を伝える中で、この3つが違った情報を送ったとき、言語情報7％、聴覚情報38％、視覚情報55％の割合で情報が伝達される。

ということです。

たとえば、ガールフレンドが表情（視覚情報）や声色（聴覚情報）では相当怒っているのに「怒ってないわよ」（言語情報）と言ったとしたら……これは「怒っているんじゃないだろうか」と僕たちは思うわけです。ご経験ありませんでしょうか（笑）？

口から出た情報より、視覚情報、つまり、あなたが表情などで表す"メッセージ"のほうがよっぽど信じられる、というわけです。この法則自体がサイエンスとして正しいかの議論はありますが、コミュニケーションにおけるボディーランゲッジなどの視覚情報の大きさは、感覚的に理解できると思います。

言語以外でも大量の情報が送れるのであれば、英語を非母国語として操る私たちは、このボディーランゲッジをフル活用すべきです。実際に英語が不完全で3、4割しか通じていなくても、ボディーランゲッジが加わることで相手が理解してくれることはよくあります。

「ambulance（救急車）」という言葉がわからなくても、左手を頭の上に持っていき、救急車のランプのようにくるくる回し「hospital's car（病院の車）」とでも言えば、「Oh, you mean an ambulance?（救急車って言いたいのね？）」と一発で通じるわけです。そうです。セカンドベストとボディーランゲッジの組

KATACHI for conversation

14

み合わせで会話は大回転し始めるのです。

　また、言葉とともに繰り出させる的確なボディーランゲッジは、低文脈において重要な「直接的な表現」にもなりますし、身振り手振りとともに派手に話しているあなたは、もはや「寡黙」ではないのです。

▶身体の動作は相手を引き込む力がある

　ボディーランゲッジの威力として「相手を引き込む」というものもあります。大きな動きのある話し方は、相手の興味を引くものです。目の前で全身を使って何かを説明されたら、だれだって無視なんかできるはずがありません。真剣に聞いてしまうのが人間です。

　記者会見を見るとよくわかります。特に集中的にパシャパシャパシャとカメラのシャッターが切られるのは、話している人の手が動いたときです。手を出して何か説明しようとすると、そこでカメラマンはこぞってシャッターを切ります。彼らは、紙面を飾る写真を撮ろうとしています。紙面を飾る写真とは、当然、「おお、なんだか、重要なことを言っている」という決定的な写真です。やはり、人が手を出してそれを動かして何かを説明しようとしている姿が、相手にぐっと訴えるということでしょう。

▶英語という異常事態を乗り切るために

　多くの方が、ネイティブスピーカーのように流暢に、たおやかに、自然に英語を喋ることを目指しています。もっと言うと、難しい単語や洗練された物言いを蓄積していくことに重きを置いています。

最終的には、そこをゴールにしたいものですが、最初は、もっと泥臭くていいのではないかと感じます。

日本で生まれ育った私たちが、26文字の記号だけで記されている外国語で会話をするんです。非母国語なのです。普段運動していない人がいきなりフルマラソンに出るくらい異常事態なのです。であれば、プロのランナーのようにフォームよろしく格好よく流れるように走ることを目指すより、涙と鼻水で顔がぐちゃぐちゃになろうが、膝にテーピングしまくろうが、途中でマッサージしてもらおうが、栄養ドリンク飲みまくろうが、なんとか必死にしがみついてとにかく完走するんです。異常事態ではなりふり構っていられないのです。

英会話を異常事態ととらえ、泥臭く、貪欲に。英語は初歩的でも体全体を使って全身全霊で表現していくのです。

▶ ボディーランゲッジの威力を知る

まず最初にやってみたいのは、ボディーランゲッジだけでどれだけ情報が伝達できるか、です。

有効なトレーニングは、2人組になって、ボディーランゲッジだけでどこまで意思疎通ができるかをとことん試してみることです。たとえば「あれは富士山です」といった簡単なものはもちろんのこと、「ケンタッキーフライドチキンに行きたい」とか、「ビッグマックが大好き」といったようなことも、知恵を使えばひとことも言葉を発せずに表現することは可能です。

これを体験してもらうと、単語がわからないものが出てきても、最後には身振り手振りで通じるのだ、という自信になり、だいぶ英会話が楽になります。

実践編 Practice

ボディーランゲッジを極める

1. 表情をつくる

単にノーノーと言うときも表情で意味を分けられます。大げさに顔をしかめれば、「本当に嫌です」。驚いた顔をしながら「まさか、あり得ない！」。笑顔でノーノーとやれば「おいおい、わかるよね、ダメですよ」となります。

表情はさまざまな情報伝達の役割を果たします。会話に彩りが加えられますし、何より、表情をつくることで自分の顔に注目を呼ぶことになり、相手の注意を引けます。

2. かたち・位置

【もの】staple（ホッチキス）も指先でバチンバチンとやりながら言えば理解が得られますし、手でリンゴの形をつくって「アップル」と言ったほうが迫力が増します。

【形状】ややこしいものの形状などを話すとき。また、大きい、小さいといったサイズ情報も加えたいですね。

【位置関係】「あっちのほう」「こっちのほう」といった方角を指すだけでなく「above（上）」なんて単語も、手で指しながらだとわかりやすいです。

ボディーランゲッジは大きく情報の補足をします。英語が6割でも4割はボディーランゲッジで埋められるくらいと考え徹底的に使いましょう！

3. 抑揚をつける

左手だけでも右手だけでも両手でもいいです。手を振ることで強調になります。

こぶしを握りながらでもいいですが、手のひらを自分のほうに向けた状態で、肘を基点にして手のひらを相手のほうに突き出すことで「強調している」ということを表現します。

4. 議論・情報の整理

【整理】つきつめるとAとBだよね。こっちと、こっち、どっちが大事だ？　うーん、2つの問題がある、といったときなど、右手を突き出しながら「こっち」かとやり、左手を突き出しながら「こっち」かとやることで、視覚的にも対局された2つのものが演出され、わかりやすさが倍増します。

【ナンバリング】ポイントがいくつかあるときは、1つ目、2つ目、という形で指で示しながら進めましょう。これにより、聞き手の中でも「いまは2つ目のポイントだな」とわかりやすく聞けると同時に、話し手も自分の頭の中が整理されます。

KATACHI for conversation

15 単語がすぐに 出てこないときは、 とにかく音を出す

▶何を考えているかわからない、と言われる日本人

　寛容なネイティブスピーカーの友人からも、必ず出てくる日本人に対するクレームがあります。それは、「考えているのなら、考えているというサインを出してほしい」ということです。

　日本人の多くの人が、英語で何を言おうか考えているとき固まっています。特に相手から意見などを聞かれたときです。本人は真剣に考えているのでしょうが、残念ながら周りからは思考停止状態にしか見えません。電池が切れたロボットのごとくフリーズしているように見えるのです。英語で悩んでいるとは露ほども

英語を話すのではなく会話する【会話を続ける】 3

想像してくれません。単にアイディアがないのか、話を続ける気がないのかと思われてしまうかもしれません。会話の求心力は一気になくなり、熱は冷めるでしょう。「あ、そろそろ行かなきゃ」と会話が切られるかもしれない危機的タイミングです。

▶ **何はともあれ、こちらから音を出す**

これを防ぐためには3つあります。

1つ目は、<mark>これから考えるということを明示的に発言する</mark>ことです。当然、思考に少し時間を要することはあるわけで、そのときは、たとえば「Let me think.（ちょっと考えさせて）」などを発することで自分にボールがあることを認識していることを伝えましょう。これは「この後答えが出てくるからね」という、いわば、予告のような効果となり、相手に興味を持たせます。気持ちを引きつけるうえでもバッチリです。

2つ目は、**考えている沈黙の時間を音で埋める**ことです。「Let me think.（ちょっと考えさせて）」と言ったはいいけど、そこから長い沈黙の時間に入ってしまったら、これまた相手の集中力は途切れます。これを防ぐためには、たとえば日本語で言う「えーと」のような音を発し空白の時間ができないようにつなぎ止めます。たとえば、「well」。考えているときに「well」を添えるだけでもだいぶ変わります。

そして3つ目が、**とにかく臆せずに何か言ってみる**ということです。これが根本的な解決です。恐れず、ひるまず、考えを出してみる、ということです。そんなに難しいことを言う必要はありません。まずは単純なことでいいから、何か発言してみる癖をつけていきます。宇宙の真理をひとことで言い切る必要はないので

105

す。まずは会話が転がり出すような「きっかけ」となる一言を出せれば御の字です。ただ、ハイコンテキスト文化の住人だからか、私たちは、まずは空気を読みたくなるところがあるかもしれません。さて、どう答えようか、その前に周りはどう考えているのか、と悩んでしまうことがあります。ただ、ここは相手と違うことを恐れずに自分から口火を切ってみましょう。「違いこそ価値がある」と考えて、あえてバンバン発言していきましょう。

▶グローバルビジネスの本質とは

ここで少し大上段から切り込ませていただきたいと思います。そもそもグルーバルビジネスの本質は何なのか、ということです。

それについて、1つご紹介したい「比較優位」という考え方があります。

たとえばトムとジェリーがお風呂掃除をしたとします。トムは重労働を担当し、ジェリーは手の届きにくいところを丁寧に磨きました。家主から報酬として6枚切り（一斤）の食パンをもらったとします。

では、この6枚のパンをどう分けるか。当然、お互いが「自分の方が働いた」と主張して1枚でも多くパンをもらおうとします。

トムが1枚多くもらえば、ジェリーは1枚少なくなる。トムが2枚ならジェリーは4枚。トムが3枚に増えればジェリーは3枚。

もし、トムもジェリーも1枚のパンから「10」の満足度を得ているのであるとすれば、2人の合計満足度は「60」になります。

問題は、これを60以上にできないか、ということです。もし、ここでトムが食パンのミミが好きだったと判明するとします。一方でジェリーは、真ん中の白い部分が好き。トムは1枚の食パン

の満足度10のうち8をミミから、2を真ん中の部分から得ていて、ジェリーは逆で、8を白い部分から、2をミミから得ているとします。では、トムがミミを全部もらい、ジェリーが白い部分をもらったら、お互い48の満足度を得ることができ、合計96の満足度となるのです！　60を超えましたね！

　この例のキモは、お互いの好みが「違う」ということになります。これは比較優位という国際貿易の基本的な理論にも通じます。お互い得意なことや好みが違うから、価値が生み出せるのです。実際は、2人ともミミが好きでも、「ミミを好きな度合い」が違えば比較優位は成り立ちます。たとえば、トムは白いところと耳が1：9くらいミミが好き。ジェリーもミミは好きだけど、割合は4：6くらい。トムが全部ミミをもらい（9 × 6 = 54）ジェリーが白いところをもらう（4 × 6 = 24）ことで、合計78（54 + 24）という60以上の満足度が稼ぎ出せます）。

「違い」がある人たちと手をとり合い、何か新しいものをつくるために私たちは海を渡るのです。そうです。違うから価値を生み出せるのです。「違う」ことが価値の源泉なのです。恐れずに自分の考えを全面的に出していきましょう。

実践編 *Practice*

考えているときの効果音の出し方

「沈黙」の歯抜けタイミングを埋める「音」

当然ですが、何度も何度も「埋める音」ばかり言っていると、「えっとー、えっとー」と考えのまとまっていない人という印象を与えます。当然早く意見を言うほうがベターです。黙っているくらいなら「音」を出す、という位置づけでいてください。

1. オールマイティーの心強い味方「well」 ビ カ

困ったときは、well です。「なにやら私は言いたいのである。もうそろそろ何か出てくるのである」という意思表示になります。黙ってしまう時間をつく作るよりはよっぽどよいです。丁寧な表現ですしビジネスでも十分使えます。

2. 言葉の接ぎ穂「you know」「let's say」 ビ カ

数秒考えたい、表現を探したいときには、空白の間に You know や Let's say といった単語をはさむとまたカラフルになります。

いずれも強引に訳をつけると You know（わかるでしょ）、Let's say（言ってみれば）となりますが、日本語の「えっと」程度にそれほど意味はありません。

たとえば、I love the idea, because ～〈空白〉～ we can switch to plan B without much cost.（とてもいい案ですね。なぜなら～プラン B にもそんなにコストをかけずに変更できるからです。）というように、どう言うかを整理しているときの「空白」に埋め込むにはちょうどいいですね。

I love the idea because, you know, we can switch ～.

英語を話すのではなく会話する【会話を続ける】**3**

英会話の勢いを失わないために、空白の時間を避ける使える効果音を紹介します。さらに会話をカラフルに！

という形です。この let's say と you know は使い始めると便利なのでバンバン使ってしまいます。

英語圏に渡ったばかりの頃、僕も「you know 病」とも呼ぶべき you know を多用しすぎる症候群に陥りました。なにせ便利ですからね。「let's say 病」になった人たちも多くいました（笑）。当然、こういった接ぎ穂の句を多用しすぎると賢くないように聞こえてしまうので注意が必要ですが、一度中毒になるくらい使って会話を前に前に進めていこうとする姿勢を学んでもよいでしょう。

3. 特に単語が出てこないとき「like」 カ

ほら、あれ、あれという感じで使えるのが「like」です。

ただし、「like」は多用すると、少し幼い印象を与えるかもしれませんのでご注意を。

4. 少し考えたいとき「Let me think.」 ビ カ

Let me think.（ちょっとまって）か、**Let's see.**（同）か、Let me see.（同）など、一度頭の中を整理したいときは、それを宣言しましょう。その際、Just a moment. も、Just a second. も有効ですね。

これらを組み合わせていくとさらにいいです。Well, just a moment, let me think, oh, I know why. といった形ですね。

4

普段よりも少し大げさに振る舞う

【相手を乗せる】

Making people excited

KATACHI for conversation

16 聞き返すのは失礼ではない。積極的に聞き返す

▶聞き返さないから、余計会話についていけなくなる

ネイティブがダダダダーと話していると、聞き取れなくても「ちょっといまのところ、もう一度」とは言いにくいものですよね。単語や表現がわからなくても、わざわざ止めるのは、と遠慮してしまいます。そして「もう少し先を聞けばなんとかわかるかも」という淡い期待を抱き聞き続けるのですが、そのうち本格的に迷子になる。最後に意見を求められても冷や汗をかきながら微

普段よりも少し大げさに振る舞う【相手を乗せる】 4

笑をしつつ沈黙で乗り切る。これは、ありがちなパターンですね（笑）。

「相手の英語を聞き取れない」ということは、自分の英語力が「国際ビジネス」をするうえで及第点に達していない。「あるべきレベルにない」という「負い目」に感じてしまうのかもしれません。僕もアメリカの大学に行き始めた頃は、聞き返すことを躊躇していました。アメリカの大学に通う生徒としての英語力のレベルにない、と勝手に遠慮をしていたのです。

▶聞き返さないことが「まちがい」である２つの理由

１つは、単純な話、<mark>聞き取れていないのに放置していたら相手の話すスピードが加速していく</mark>ということです。余計ドツボにはまるわけです。「いまのところ、もう一度お願いします」と勇気を出して言えば、相手はあなたのスピードに合わせます。表現も平易なものに調整してくれるでしょう。あなたの英語力に合わせた話し方に変えてくれるはずです。

繰り返しますが、英語は非母国語です。そのわりに、私たちはなかなか大したリスニング力を持っています。たとえばロシア語やフランス語であれば、相手がどれだけゆっくり喋ってくれてもまったく意味がわからないかと思いますが、英語だったら、相手がゆっくり喋ってくれさえすればたいてい理解できます。極端な話、「ごめん、もう少しゆっくり言って」と、聞き取れるスピードまで下げて言ってもらえばいいのです。TOEICなどのリスニングのテストだと、話し手はスピードを緩めてくれません。「聞こえんっ！」と悲鳴を上げている人に剛速球のような英語を投げつけ続けるようなものです。現実にはそんな人いませんよね。リス

113

ニングのテストじゃないのです。じゃんじゃんスローダウンして
もらいましょう。

　相手も、あなたにとって英語が非母国語だとわかってくれてい
ますので、絶対にあなたを「低く」は見ません。むしろ、英語力
にかかわらず果敢に国際ビジネスをしようとしている、とポジ
ティブに見てくれます。安心して聞き返してください。

　2つ目は、<mark>「聞き返す」ことは相手をノリノリにする</mark>、というこ
とです。そうです。人は自分の話を聞いてくれる人を常に待って
いるのですから。「あなたの話をじっくり聞きたいけど、いまのと
ころがどうしても聞き取れなかった。もう一度言ってください」
ということです。決して失礼なことではありません。むしろ、聞
き取れているふりをすることのほうが誠実さに欠けます。

　自分のリスニング力がたとえ低いとしても、その場では仕方が
ありません。相手は日本語が話せない。であれば、その場では英
語が唯一の伝達手法なのです。お互いの情報共有のためのツール
として、自分の拙いリスニング力しかないというのであれば、そ
れを使い倒すしかないでしょう。堂々と使えばいいのです。聞き
取れたふりをして結局間違えた情報を共有してしまったら目も当
てられません。遠慮せずに、「もう一度お願い」と聞き返してみ
ましょう。

▶聞き取れたときも復唱という形で聞き返す

　さらに、聞き取れなかったときだけでなく、相手の英語が聞き
取れたときも、「復唱する」という形で能動的に聞き返しましょ
う。大げさな「総括」などをするわけではなく、相手の言ってい

ることの「確認」で結構です。簡単な「復唱」をすることで、より会話にグリップを効かせることができるのです。

たとえば、相手が「昨日の勤務後、友達とレストランに行ってね、すごく待たされちゃったんだけど、結局出てきたパスタが絶品で、結果としてはオーケーだったんだ。ただ、結構そのパスタが高くてね。今度は他のメニューを頼もうと思っている」なんてダダダダーと喋るときも、「復唱」を入れることでだいぶ形が変わります。

たとえば、「昨日の勤務後、友達とレストランに行ってね、すごく待たされちゃったんだけど」あたりで、合いの手を入れながら、「へぇ、昨日外食したんだ」とか、「へぇ、待たされたんだ」と復唱してみるのです。

復唱することで、会話をいったん止めることができます。ダダダダーと最後まで喋られるとあまりにも多くの情報量に処理が追いつかないかもしれません。しかしながら、適宜復唱を入れることで、いったん「はい、ここまで」という形で会話を区切ることができます。英語で会話をしている私たちにはありがたい「息継ぎ」ができるタイミングになります。

さらに復唱は、「あなたの言っていることは、こういう解釈でいいのか」ということで確認にもなります。また、当然ながら何も言い返さない相手にひたすら喋るより、途中で「へぇ、夕食はパスタだったんだ」などと言い返してくれたほうが会話も盛り上がりますよね。

積極的に聞き返すこと、復唱することで会話はどんどん回転し始めます。ぜひ有効活用してみてください。

聞き返すときのフレーズ集

実践編 *Practice*

積極的に聞き返す

STEP1 相手を止める

相手がダダダダーと喋っている最中に止めるよりは、文章の区切れ、つまり「息継ぎ」のタイミングで止めるほうが丁寧です。

Just a moment, please. 丁寧に（ちょっと待ってください）ビ カ
Sorry? / Pardon?（すみません！）ビ カ
Wait a second, please. / Just a second, please. カジュアルに（ちょっと待って！）カ

STEP2 なぜ止めたか要望を伝える

相手を止めた後、すかさずなぜ止めたのかを表現しましょう。

Sorry, I couldn't hear what you said.（すみません。聞き取れませんでした）ビ
I didn't catch that.（そこが聞き取れませんでした）ビ カ

聞き取れなかったのでもう一度お願いします、と続けます。
Would you kindly repeat that, please?（もう一度お願いします）ビ
Could you repeat that please? / Could you repeat yourself please?（すみません、もう一度言っていただけませんか？）ビ カ

なおこの際、実は私の英語が問題でして……とさらに聞き取れなかった理由を言うと丁寧です。

普段よりも少し大げさに振る舞う【相手を乗せる】 4

聞き取れないときは、堂々と相手を止め、丁寧にもう一度、言い直しても
らいましょう。便利なフレーズを紹介します。

　　Could you please speak more slowly?（もう少しゆっくり話
してくれませんか？）Please speak slowly.（少しゆっくり話して
くださいませんか）や、English is not my native language.（英語
が母国語じゃないので）と言うと、いまのスピードだと速すぎる
という意思表示になります。英語的には聞こえていても意味がわ
からないときは、それを伝えましょう。

I didn't understand the meaning.
（意味が理解できませんでした） ビ カ
I didn't understand your explanation.
（説明が理解できませんでした） ビ カ
Could you please explain that again?
（もう一度ご説明いただけませんか？） ビ カ
Can you please explain that in a different way?
（他の方法でもう一度ご説明いただけませんか？） ビ カ
　　と違う説明を求めるとよいかと思います。

復唱する
So, you 〜.（つまり、あなたは〜） ビ カ
Do you mean 〜?（こういうことですか？） ビ カ
Did you just say 〜?（今言ったことはこういうことですか？） ビ カ
If I understand you correctly, you mean 〜.（私の理解が正しけ
れば、こういうことですか？） ビ
What you are saying is 〜?（こういうことですか？） ビ カ
In other words, 〜.（言い換えると、こういうこと） ビ カ

117

KATACHI for conversation

17 オープン・クエスチョンは生煮えでいいから出してしまう

▶ **オープン・クエスチョンは日本人にとって鬼門**

多くの日本人英語学習者が「ウッ」とつまって苦しんでいるのが、オープン・クエスチョンに対する返答です。「昨日学校に行きましたか？」など、YesやNoで答えることができる（つまり、答えが限定されている＝閉じている）質問をクローズド・クエスチョンと呼び、一方で、「Why?」とか「What do you think?」とか「理由」や「感想」を聞かれ、どのようにでも答えることができる質問をオープン・クエスチョンと呼びます。

このオープン・クエスチョンが鬼門です。答えの領域や具体性も限定されていない難しさがあります。単純な感想を言えばいい

のか、よかったポイントをあげればいいのか。ぱっとした答えが欲しいのか、長めのものが求められているのか。悩ましいものです。そもそも「寿司と焼肉どっちがいい?」と答えを限定されると答えやすいですが、「今度の週末何食べようか?」と回答の自由度が高くなると「えっ……」と答えにくくなるものです。さらにこれが英語になると、難易度がぐんと上がるわけです。

▶ オープン・クエスションがきたら雑談の開始ととらえる

一番の敵は、気の利いたことを言わなければという焦りかもしれません。まず、「スマートなことを言おう」という気負いをなくしましょう。当然、理路整然と即答できればベストです。ただ、「きちんとしたことを言わなきゃ」というプレッシャーのあまり沈黙してしまうよりは、これは単なる雑談の始まりと割り切るほうが得策です。リラックスして、これから相手と雑談を始めよう、単なるブレインストーミングの始まりなんだととらえて生煮えのものでもポーンと出してしまうのです。

▶ 2つのオープン・クエスション

今回、特にご紹介したいのが、2大オープン・クエスションと言うべき以下のものです。

How do you like it?

たとえば映画が終わった後、よく「How did you like it?(映画はどうでしたか?)」と聞かれます。直訳すると「あなたはどのようにこれが好きですか?」となり、少し突飛な質問に聞こえるかもしれません。しかし、これは「How」を取って、単純に、

「気に入りましたか？」と聞かれている、と考えても大勢に影響はありません。単純に好きか嫌いか答えられるととらえてしまってもOKです。そう考えるととても答えやすくなるかと思います。

What did you think about it?

ミーティングが終わった際など「What did you think (about it)?」と率直に意見を求められます。「What did you think?」は、直訳すると「あなたはこれについて何を考えるか？」となり、これも妙な質問に聞こえるかもしれませんが、これは、「感想は？」と聞かれていると割り切るといいかもしれません。

▶ とりあえずは好きか嫌いかを言う

オープン・クエスションに対する答えは、生煮えのものでもポーンと出してしまいましょう。特に、上記の２つの質問に対するコツは、まずは、好きだったか、そうでもなかったかをパッと答えます。たとえば、第一声は、「I loved it!（すごくよかった！）」や「I liked it very much!（とてもよかったね！）」といった感嘆の言葉でもいいでしょう。そこから、ゆっくりとその背景を話し始めればいいのです。

▶ 気をつけるべきはネガティブな反応を示すとき

一点気をつけたいのが、ネガティブな反応を示すときです。
ネガティブな意見を言うときは、「I hated it.（大嫌いです）」など拒絶を表すような強い否定よりは「I didn't like it very much.（それほど気に入りませんでした）」のほうがベターです。そもそ

普段よりも少し大げさに振る舞う【相手を乗せる】 4

も、否定的なことばかり言う人は周りから好かれませんが、それ以上にグローバルでは「違い」を大切にしたい場です。「自分はたまたま好きではなかったが、それにはいい面もあるよね」と何事もニュートラルに見ていく姿勢が生産的です。**１つ何かを否定するなら、１つか２つ、そのよいところも出してあげる**のがコツです。

したがって、「I didn't like the new design very much.（新しいデザインはあまり気に入りませんでした）」とネガティブなコメントを言うときは、たとえば「Although I liked the color.（色は好きだったけどね）」など、ポジティブなコメントを添えると、中立的な立場からの真摯なコメントに聞こえるでしょう。

▶ニュートラルになるのがグローバル

ずばり、このニュートラルになって意見を述べていく感覚がグローバルでは有効です。ピカソの絵を見て「芸術だ」と言う人もいれば、「正直、何がいいのかわかりません」と言う人もいるでしょう。そこに「これが芸術だとわからない人はダメだ」と切り捨てる姿勢では、断定的すぎて多様性を受け入れられないかもしれません。「これを芸術ととらえる人もいるし、単なる落書きととらえる人もいるでしょう。ただ、私には芸術に見えるのです」という中立に立って両方の言い分を認めたうえで自分の考えを述べる。これこそが多様性を受け入れる姿勢です。

そして、このようにいろいろな角度の意見を出すことこそ、オープン・クエスションを迎え撃つ奥義です。さまざまな意見がテーブルの上にあがるということは、論点が増えるということです。それらを起点にして議論が白熱し始めるのです。

121

> **実践編** *Practice*

オープン・クエスションへの返し方

1. 反射的にまずはひとこと言う

Wow!（すごいですね！）**ビ** **カ**

Fantastic!（すごいですね！）**ビ** **カ**

Unbelievable!（信じられない）**ビ** **カ**

製品のデモなどを見た後で、

I like it!（いいね！）、**I love it!**（すごくいいね！）**ビ** **カ**

I am very impressed!（感銘を受けています）**ビ** **カ**

I was very impressed with his presentation!

（彼のプレゼンに感銘を受けました）**ビ**

I was moved!（感動した）**ビ** **カ** よく映画とか涙を誘うような感動のときに使います。

It was great!（最高だったね！）**ビ** **カ**

2. フォーマルに自分の意見を言い始める

May（Can）I share my thoughts?

（私の考えを述べていいですか？）**ビ**

What I'm thinking is 〜.

（私の考えは〜です）**ビ**

Here are my thoughts: / Here's what I think:

（私の考えはこうです）**カ**

I believe 〜. ／ I think 〜.（〜だと思います）**ビ** **カ**

例 I believe it was indeed a wonderful meeting.

（素晴らしい面談でしたね）

普段よりも少し大げさに振る舞う【相手を乗せる】 **4**

オープン・クエスションこそ、お互いの考えを深める大チャンス。慣れない
かもしれませんが、気負わずどんどん発信しましょう。

例 I think everyone participated very well.
（全員が積極的に参加した面談でしたね）

● YesかNoか聞かれたときの答え方

単に Yes か No と答える以外にも以下の言い方もあります。

I say "yes". （私は Yes と言いますね） ビ カ

I would say "yes" to the question. （私だったら Yes と言いま
すね） ビ 単に「Yes です」と言い切るより、自分だったら Yes と
言いますというニュアンスが出て中立的な視点が垣間見えます。
あるいは強調したいときは、同じ言い回しで "yes" を大きな声
で言ってみましょう。

● AかBどちらがいいか聞かれたとき

I would say "Plan B" is better.

（私だったら B がいいと言いますね） ビ

"Plan B" sounds better to me.

（B のほうがいいように聞こえますね） ビ カ

I prefer "Plan B". （私は B のほうがいいです） ビ カ

● 好きか嫌いか聞かれたとき

I like it. （好きです） ビ カ

I must say, I like it. （好きと言わざるを得ないです） ビ カ こ
れは、正直言って好きです、と少しもったいつけたニュアンスと
同時に、「こんなに素晴らしければ、好きと言わざるを得ないで
しょ」という、大きな感嘆も表せるお洒落な表現になります。

123

KATACHI for conversation
18 シンプルで短い文ほど美しい

▶シンプル・イズ・ベスト

　研究者や技術者の方など、頭のよい人ほど英語になると which や what などの関係代名詞を活用したり、and や then などの接続詞を多用したりして文をどんどん長くしていく傾向があります

　しかし、実際の国際ビジネスの場では、シンプルで短い文章で表現できる力が重宝されます。単純な短い文章で、的確に意図を伝えられるのであれば、それに越したことはありません。

普段よりも少し大げさに振る舞う【相手を乗せる】 4

▶ 低文脈では論理の飛躍をさせない

　文章が長くなっていくと聞き取りにくさが増します。たとえば、私たちの発音に不明瞭な箇所があった場合でも、相手からしたらなかなか途中で遮って聞き直すわけにもいきません。それでは、相手は途中で迷子になってしまいます。さらに、もっと大きな問題として例のコンテキスト（文脈）があります。

　低文脈（ローコンテキスト）の会話での4つ目の注意点として「論理の飛躍をさせない」をご紹介しましたが、それを見ていきたいと思います。

　日本のような高文脈（ハイコンテキスト）の文化では、多少論理に飛躍があってもなんとなく理解されてしまうことがあります。「あの女性、東京から来たし、派手だよね」という文章。よく考えると少し論理に飛躍のあるおかしな表現です。本来であれば、「あの女性は東京から来ました。私は東京の方は派手だと思います。だから私は彼女を派手だと思いました」という形でなければ論理に飛躍があるわけです。「東京から来た女性＝派手」という自分の論拠が飛ばされているのですね。高文脈の文化では、「そこは、ほら、言わなくてもわかるでしょ」とばかりに、聞き手側の論理を埋める想像力にゆだねて話をすることが多いのです。多少論理をすっ飛ばしても相手が察してくれるわけですね。グローバル環境のような低文脈の社会ではそうはいきません。こっちが勝手に飛ばしている論理を、相手が補ってくれるとは限らないのです。

▶ 論理の飛躍を防ぐために短い文章を積み重ねる

　短い文章を積み重ねていくことで、都度相手が理解しているか

KATACHI for conversation

18

確認しながら進めることができます。論理の飛躍を防ぎ、意図を明確に伝えやすくなります。

たとえば、「風が吹けば桶屋が儲かる」ということわざがあります。一見すると関係のない事象も実はつながっていることがある、ということを表す言葉ですね。これを使って見ていきましょう。

この中身を説明するとき、日本人同士でしたら、「風が吹くと砂塵が舞って目の悪い方が増えて、そうなると三味線人口が増えるから、猫がたくさん殺されて、ねずみがはびこって桶がかじられるから桶屋が儲かる、ということよ」と言えば意味は伝わるでしょう。

グローバル環境では、これでは不十分です。理想的なコミュニケーション方法は、シンプルな文章を積み重ねていく形です。そして１つ１つが明瞭か、確認していくスタイルです。

たとえば、こんな形です。

「風が吹くと、砂が舞うことがあります。よろしいですか？ 舞いますね？ 間違いないですね？ OK。では、次ですが、砂が舞うと目に入ることがあります。入りますね？ OK ですね。では次……」といった形で、一文一文噛み締めるように相手の理解を確認しながら進んでいきます。

「……三味線の需要が増すと猫がたくさん殺されます。わかります？ あ、これ意味わかりませんか」そうです。三味線という楽器を見たこともない人には、ここにはロジックの飛躍があります。

短い文章を重ねていくことで論理の飛躍が発見しやすく、またそれをすぐに補足説明することができるのです。「そもそも三味

普段よりも少し大げさに振る舞う【相手を乗せる】 4

線は日本に昔からある楽器です。大雑把に言うと三味線はギターのような楽器です。三味線の一部には猫の皮が使われていたそうです。だから三味線の製造量が増えると猫の皮が大量に必要になるわけです。はい、だから三味線の需要が増すと猫がたくさん捕らえられるわけです。よろしいですか？」という具合です。

▶ビジネスではシンプルな文章が効く

常にシンプルに発信していく姿勢はビジネスシーンで役に立ちます。プレゼンテーションなどのとき、日本人の多くは、小さい字を多用したスライドをつくります。やはり伝えたいことはたくさんありますし、あれもこれもてんこ盛りになってしまうのでしょう。しかし、アメリカ人をはじめ、国際ビジネスの場で好まれるのは、ポイントだけがドン・ドン・ドンと3つくらい書かれたシンプルなスライドです。パワーポイントではフォントサイズが30以下の文字を使用するな（大きな字しか使うな）と指導する人もいます。詰め込みすぎると伝わらない。であれば、先に要点を絞ってそれだけ書き、あとは必要であれば口頭で補足する、というスタイルが好まれるのです。常にシンプルに発信し続けたいですね。

シンプルな文章を積み上げるということは、本質を見つめるという姿勢です。またそれは、論理的（ロジカル）になっていくプロセスでもあります。「ロジック」こそが国際社会での共通言語とさえ言えます。「1 + 1 = 2」が、どこの国や地域でも納得が得られるように、コンテキストを共有していないもの同士でこそ、愚直なまでにシンプルなロジックに落とし、丁寧に伝えていくやり方が好まれるのです。

実践編 Practice

文章を分解し、短くする技術

ダラダラした文章の例

以下の文章を見ていきましょう。

We visited their Virginia factory to inspect their production line, where defective items were produced, but we could not find anything wrong, and that's why I decided to have this meeting: to find the cause of the problem.

（欠陥製品の製造を検査するために彼らのバージニア工場に行ったんだけど、そこでは問題が発見できなかったから、原因の可能性を発見したくてこのミーティングをすることにした）

ダラダラしたパンチのない文章になっています。

文章を分解していく

まず、We visited their Virginia factory to inspect their production line, where defective items were produced,

という最初の部分ですが、文意は伝わりますが、こんなに長い文章で言うこともないかと思います。

たとえば、

Their Virginia factory produced defective items.

Therefore, we visited it to inspect their production methods.

という2文に分けてみるとどうでしょう。and や but を使うと文章が長くなりがちです。特に会話の中では、and や but を無理に使うのをやめて、文章を分けましょう。but でつなげて一文にする必要はまったくありません。

普段よりも少し大げさに振る舞う【相手を乗せる】 4

文章をブレークダウンしていく。

　We could not find anything wrong. と独立した文章でも十分文意は伝わります。

　どうしても「しかし」というところを強調したいのであれば、「**however**」を活用してください。

　However, we could not find anything wrong.

　However は文の頭につけることで、「しかしながら」の意味を出せます。また、but とは違い、文頭に持ってこれますので、2つの文をつなげる形にはならないのですね。

　さらに後ろの文章も分解でき、結局は、

　Their Virginia factory produced defective items.

（欠陥のある製品は彼らのバージニア工場でつくられた）

　Therefore, we visited it to inspect their production line.

（だからバージニア工場に検査に行った）

　However, we could not find anything wrong.

（しかしながら、原因を見つけることができなかった）

　That's why I decided to have this meeting.

（したがって、この面談を招集した）

　We want to find the cause of the problem.

（可能であれば原因を見つけたいと思っている）

　5つの文章に分かれます。しかも各文章は訴えたいことが1つに限られており、インパクトがあります。一文一文、押し込むように話すことで相手の理解を得られるのです。

KATACHI for conversation

19 会話の構造に目を向けると断然伝わり度が増す

▶ 短時間でいかに効果的に伝えるか

　少し話し方の構造について考えていきたいと思います。

　私たちにとっての英語とは非母国語です。残念ですが、常に相手に100％理解されているわけではありません。その前提に立っておくほうが現実的です。たとえば、発音が悪かったり間違えた語法を用いていたりと、一部情報が欠落した状態で相手に届いているかもしれません。ちょうど、虫に食われた本のページのようなものです。運悪く虫に食われて、文章情報の一部が欠落しているページです。

ただ、一部虫に食われた本でも、運がよければなんとか意味は把握できるかもしれません。前後の情報や文脈から、欠損している部分を想像してなんとか意味を補完できる場合もあるということです。

そこで、私たちが気をつけたいのは、すべての言葉が伝わらないという可能性を考え、それに備えていくことです。つまり、いくつか欠けている情報があったとしても、相手が意味を補完させやすいように話をするということです。具体的に言うと、文章の構造に気をつけるということです。

たとえば、すぐにできるのは「結論から言う」話し方です。

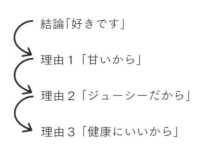

日本人の話し方は結論を最後に言うパターンが多いのです。小説のようにいろいろな話をちりばめ、ハラハラ、ドキドキさせ、長い物語の最後に「ということで、私は◎◎さんの意見に賛成です」とやりがちです。物語的だし浪花節的で味もあり、僕も個人的には好きですが、低文脈の会話では、これでは結論を見失って

しまう人が多いのも確かです。バシッと結論を先に言う。そして理由を並べる。これがグローバルでの伝わりやすい話し方です。低文脈で有用な直接的な表現とも合致します。

▶30秒で伝える「エレベーターピッチ」

たとえば「エレベーターピッチ」というものがあります。これはアメリカのビジネス界でよく引用される言葉ですが、「超短時間でのスピーチ」のことを言います。エレベーターで要人にたまたま出くわしたときに、一緒に乗っている非常に短い時間の中で、大切なことを簡潔に伝える、といったことからきています。たとえば、たまたま大物投資家とエレベーターで一緒になったとして、「私の事業に投資してください」と短時間で訴える。時間は30秒から1分程度で、自分の言いたいことを相手に伝える、といったごく短い時間でのプレゼンのことを言います。

▶会話をピラミッド構造に

この訓練をすると、論理的に話す癖がつき、かつ整理されていると思うので、相手にはグーンと伝わりやすくなります。コツは会話をピラミッド構造にすることです。

たとえば「リンゴは好きですか?」という問いには、「好きです。理由は3つあります。1つ目は甘いからです。2つ目はジューシーだから。そして最後3つ目は健康にいいからですね」という形です。

この文章は分解してみると、理由1〜3のうえに結論が成り立つというピラミッドの構造があり、それを結論から先に述べているということになります。

普段よりも少し大げさに振る舞う【相手を乗せる】 4

　大切なのは、最初に文の構造を表明してしまっていることです。「I like apples. I have three reasons.（リンゴが好きです。理由は３つあります）」つまり「自分の意見はこれで、ここから理由を羅列していきますよ」と、話の構造を最初に明示するのです。そして「three（３つ）」のところは当然ですがボディーランゲッジを活用します。

　そう、指を３本突き出すのです。そして、「First,（最初は）」とやるときは指を１本、「Second,（２つ目は）」で指を２本、「Third,（３つ目は）」のところで指を３本突き出します。突き出された指の視覚的効果もあり、相手はあなたがいま何を話しているのかがわかり、たとえ少し聞き取れないところがあっても、十分意味を推測してくれる期待が持てます。

▶「理由は３つ」と言い切る

　コツは、少し強引ですが、理由を３つ思いつく前でも、あえて最初に結論をバンッと表明し、指を３本突き出しながら「理由は３つあります」と言って話を始めてしまうことです。慣れてくれば、必ず３つ見つけ出せるようになります。コンサルトの方がよくやる話し方ですね。なぜ３つかですが、２つでは少ない。４つでは多い。やはり３つがちょうどいいのです。先に「理由は３つあります」と言って、考えながら３つ出していくことは本質的思考の訓練にもなりますので、ぜひトライしてみてください。

　３つどうしても思い出せないときは「話しているうちに２つに絞れた」と言って、上手に逃げましょう（笑）。

133

実践編 *Practice*

結論を先に！エレベーターピッチ話法

STEP1 結論を述べる

I believe 〜.（私は、こう考えます） ビ カ

I believe plan A is better than the other one.（プラン A のほうがいいと思います）単に plan A is better. と言うと断定の度合いが強く響きます。believe を最初に入れることでよりニュートラルな立場からの発言という雰囲気になります。断定口調で言いたいときは、ダイレクトに Plan A is better. となります。

I personally think 〜.（個人的には〜と思います） ビ カ

何かに対してネガティブな意図を表明するときは、personally think を入れると、あくまで個人の意見であって、これをよいと言う人も当然いるでしょう、という中立的であることをより強調できます。I personally think the color is too dark.（個人的には少し色が暗すぎると思います）

STEP2 構造を明示する

結論の後に、構造を明示します。これから、こういう風に話を進めますよという予告です。

I have three reasons for that.（3つ理由があります） ビ カ

そして、すかさず、まずは1本指を立てましょう。このまま3つの理由のうちの最初に突入していくという勢いを失わないための布石です。

普段よりも少し大げさに振る舞う【相手を乗せる】 4

話の構造を整理してより伝えやすくするためのエレベーターピッチ話法を
以下のステップでモノにしましょう!

STEP3 理由を説明し始める

First, ～. Second, ～. And, third ～. ビ カ

(1つ目は～。2つ目は～。3つ目は～)

　この際指を1本、2本、3本と呼応して出していきましょう。
手でカウントしながら喋ると、聞き手だけじゃなく話しているほ
うも頭の中が整理される気がするから不思議です。ぜひ。The
1st reason is ～. The second reason is ～. The third and the last
reason is ～. でも OK。

STEP4 締める

Those are my reasons for why I preferred plan B.

(これらが私がplanBのほうがよいと言った理由です) ビ

　最後に結論に戻ってリマインドし、全体を引き締めます。

KATACHI for conversation

20 英語が下手だからこそ、常にこちらから話す

▶ グローバル環境では寡黙であっては伝わらない

　低文脈では「3．寡黙であっては伝わりません」。寡黙になってしまっては極論すれば存在しないのと同じなのです。ただ、何を喋ったらいいのやら、と悩まれるかもしれません。そんなときは、まずは「自分を発信していく」ところから始めたらいいと思います。

　印象に残っているある映画のワンシーンがあります。『恋人たちの予感』という映画でサリー役のメグ・ライアンがダイナーで注文するシーンです。彼女は、さまざまな注文を早口で行います。

普段よりも少し大げさに振る舞う【相手を乗せる】 4

サリー「シェフのサラダをください。オリーブオイルとお酢のドレッシングを別皿で。アップルパイのアラモードも欲しいわ」
ウェイトレス「シェフのサラダとアップルパイのアラモードですね」
サリー「アップルパイは温めて。アイスクリームは上に載せずにサイドに置いて。バニラではなくて、ストロベリーのアイスにして。なければいらない。たんに生クリームだけちょうだい。ただ、生クリームが本物じゃなくて缶のものだったらいらない」
ウェイトレス「アップルパイ自体がいらないということ？」
サリー「パイはいる。でもその場合パイは温めないで」

　当然、これはアメリカ人でも極端な例で、映画中でも、同席の人もウェイトレスも若干驚きますが（笑）、別にとやかく批判めいたことは言われません。「そういう人なのね」というだけ。逆に目の前で、その注文を見ていたハリーは、サリーに興味を持ち始めます。
　自分が何をどう感じているか、何が好きなのか。自分という個性を発信しています。自分を見つめ、その中身を表現していく、それが寡黙から脱却する第一歩かと思います。

▶むしろ会話の主導権をとりにいくと 「ゲームの構造」が変わる

　皆さんは英会話になると、突然、聞き手に回っていませんか？受け身になっていませんか？　当然、言語に有利なほうが会話も進めやすいですから、英語に利のあるネイティブが、会話の主導権を握る場合をよく見かけます。非ネイティブ側にも「自分の英

137

語では伝わらないから」という遠慮もあり、それがネイティブ主導の会話に拍車をかけるのでしょう。

ここは発想を変えていきたいと思います。なぜなら、私たち非ネイティブにとっては、会話の主導権をだれが握るかで「ゲームの構造」自体が大きく変わってきます。

ネイティブ主導の会話は「相手に合わせていくゲーム」になってしまいます。非ネイティブとしては「防戦一方」。相手の話す英語になんとか食らいつき、質問がきたら答えるのに精一杯。それでは辛いかもしれませんし、ネイティブ側も実は刺激が少なく楽しくないかもしれません。

ここは、英語に利がない私たち非ネイティブこそが主導権を握る形にしていきたいのです。やり方はいくらでもあります。

▶ 会話の主導権をとれば、英語力は関係ない

総合商社に入社し国際ビジネスを始めたばかりの頃、ビジネス経験は皆無でしたし、アメリカの大学を出たとはいえ英語もまだまだで、ネイティブ同士の議論が白熱してスラングまじりの早口で話されたら、置いていかれそうになることもありました。

そこで僕は、外国人との会議のときはホワイトボードに一番近い席に陣取り、会議が始まるや否や、スッと立ち上がり、（お行儀悪いですが）ホワイトボードの脚に自分の足をひっかけ、左手でホワイトボードの上部をつかみ、右手でペンを握り、一気に「ホワイトボード係り」になることにしました。

会議において「ホワイトボード係り」とは、自然と司会者になれるからです。ホワイトボードを掌握することにより論点の整理や確認、図式化することができます。つまり、会議自体を回す役

普段よりも少し大げさに振る舞う【相手を乗せる】 4

割を担えるのです。会議の中心に自らを据えることで英語の弱さ
を補えました。司会役に昇格していると、自然とネイティブたち
も「司会」の僕が理解できる言葉とペースで話し始めてくれるの
です。隅っこに座っている会議の参加者の1人だったら、取り残
されていたかもしれませんが、語学に不安が残ろうが、積極的に
司会を買って出たことで活路が見出せたのでした。

　そうです。「ゲームの構造」が変わったのです。「頑張ってネイ
ティブになんとか追いついていくゲーム」から、「ネイティブに
こちらに合わせてもらうゲーム」に変えたのでした。その瞬間、
世界は変わりました。

▶あえて会話の中心にポジションをとるメリット

　当然、ホワイトボードをいきなり奪取するのは難しいかもしれ
ませんが、すぐにできることは、大人数のときはできるだけ真ん
中の席に座ることです。物理的に隅っこにいると自然と会話に取
り残されやすくなりますからね。集団のときは真ん中に座るだけ
で、ことが有利に進められるのです。

　大切なことは、**自分にとって有利な環境を積極的につくる**とい
うことです。できることはたくさんあります。たとえば、事前に
話題を準備していきましょう。総合商社には、相手から情報を引
き出すために事前に聞きたい情報のリストを作成して、そのリス
トを埋めるように会話を進めるほど念入りの人もいます。

　そこまでやる必要はありませんが、今日会ったら何を話そう、
という会話のネタをいくつか仕込んでおくことも、有利に進める
環境の準備の1つです。

実践編 Practice

質問と提案を使いこなす話し方

質問こそ最高の会話スターター

　的確な質問をぶつけることにより、ファシリテーターのように会話を盛り上げる係りになれます。そして、質問することは自分の話題を話すよりよほど楽でもあります（笑）。

Do you like it?（気に入りましたか？）ビ **カ**

How did you like it?（いかがでしたか？）ビ **カ**

What did everyone think of the discussion?（皆は議論をどう思いましたか？）ビ

How did everyone like the discussion?（皆は議論をどのように受け止めましたか？）ビ

What do you think?（どう思いましたか？）ビ **カ**

What did you think of the meeting?（面談をどう思いましたか？）ビ

提案する

　提案することこそが、会話の中で、あるいは集団の中で主導権を握れます。英語が下手でも関係ありません。提案の内容で勝負しましょう。

＊How about ～?（～してみるのはどう？）ビ

How about adding this topic in our agenda?（このトピックも議題に加えましょうか？）

普段よりも少し大げさに振る舞う【相手を乗せる】4

質問か提案を使いこなすと会話の主導権がとれます！
英会話だからと臆することなく主導権をとりにいきましょう！

＊ **Let's ～.**（～しましょうか） カ

Let's go to lunch!（ランチに行きましょう！）、Let's have a (coffee) break.（少し（コーヒー）休憩を入れましょうか）

Let's also include this topic in our next discussion.（このトピックを次の議題に入れましょう）

Let's (have a moment and) brainstorm on the subject.（少し（時間をとって）ブレストしませんか）

＊**May I propose ～? / May I suggest ～?** ビ
　丁寧に（～）やりましょうかという表現

May I propose we have lunch now?（お昼はどうですか？）

May I propose we add this subject to our discussion?（このトピックを議題に加えましょうか？）

May I suggest that we discuss this subject with fewer attendants?（この件は、もう少し少人数のときに話しましょうか？）

＊関連議題、新しい議題について話す
Speaking of ～,（～と言えば）ビ カ
By the way, ～.（ところで）ビ カ
Related to this matter, ～ .
（これに関連したところで言うと、～）ビ

Speaking of sales, how is next month's projection?（売上げといえば、来月の予想はどうですか？）

KATACHI for conversation 21

話題がなければコンシェルジュごっこに持ち込む

▶話題が見つからないのは仕方のないこと

　前項のとおり、英語が苦手だからこそ、常にこちらから話しかけていきたいものですが、パッと話題が思いつかないときもあるかもしれません。むしろ、それは当然と言えば当然で、英会話とは基本的に異文化同士の会話ですから、なかなか共通の話題も少ないのです。

　20歳で初渡米したとき、驚いたことがありました。

　それは、歴史の授業でクラスにいたアメリカ人のだれも（黒船に乗って日本に来た）「ペリー」を正確に言えなかったのです。「日本人だったらだれでも知っている超有名なアメリカ人『ペリー』をアメリカ人が知らないんだ」。ショックでした。そのと

142

き、「自分が20年間日本で慣れ親しんできたものを彼らはほとんど知らない」ということを、遅ればせながら実感したのです。小さい頃見ていた『ヤッターマン』も、小学校のときに読んだ『うる星やつら』も、中学時代に聞いていた「BOØWY」も、大好きな「サッポロ一番塩ラーメン」も「パイの実」も、彼らは何も知らない。これが異文化ってことか、と改めて感じたのでした。

　1つ腑に落ちたことがありました。それまでアメリカ人の友人と雑談をしていても、いまひとつ面白いと思えないことが多かったのです。たとえば野球の「メジャーリーグ」の話。アメリカ人たちは自分たちのお気に入りの球団や長いこと応援してきた選手のことをバンバン話していますが、僕が日本にいた頃はメジャーリーグの中継なんてやっておらず、こちらはほとんどの大リーグの選手を知らないので、いまいち感情移入できない。一方で、「野球」という話題であれば、こちらが話したい甲子園の話や日本のプロ野球球団の話は向こうがわからない。いつも盛り上げりに欠けるのでした。「そうか、共通の経験がないので雑談も成り立ちにくいのか」と、会話が盛り上がらない理由がわかったのです。

　でも、少ししてから「これは逆に面白いぞ」と思うようになりました。共通した話題が少ないということは、お互い知らないことが多いということ。それはつまり、お互いが知らないことを教え合う機会に満ちている、ということでもあります。「お互い教え合うことは無限にある。逆に話題にこと欠かないじゃないか！」と気がついたのです。

　ただ、相手がそもそも興味を持っていないことを教えても話は盛り上がりません。「異文化同士」でもすぐに点火できる話題がコンシェルジュ合戦になる、それに気づいていきました。

KATACHI for conversation
21

▶コンシェルジュ的な話題がオールマイティー

　たとえば、海外からお客さんが来ているのなら、コンシェルジュのごとく、食べ物や、空いている時間に訪れるべき場所など、こちらが詳しい情報を提供していくとすぐに盛り上がります。私たちも、海外に行ったときにガイドブックで紹介されているお店よりも、やはり現地の人から、「このお店は美味しいよ！」と紹介された「本場の」お店にぜひ行ってみたいものですよね。別に東京中の寿司を食べつくしてからお寿司を語る必要はありません。「まぁ、お寿司なんてめったに外で食べないけど、たまに行くとしたら、ここかな」といった紹介でも「へぇ、日本人って実はそんなにお寿司を外で食べないんだ」「でもあなたが行くお店だったらぜひ行きたい」と話は盛り上がり始めるでしょう。

　食べ物だけではなく、観光もいいです。電車に乗るというお客さんがいれば、「朝に山手線に乗ると、いわゆる日本のラッシュを体験できるよ」とか、「新幹線のチケットを買うときは、富士山側にしてもらうといい」など、ちょっとした日本の驚き方・楽しみ方を伝授したら、とても喜ばれます。

　同様に、こちらが海外に行ったときも、「明日の朝、散歩したいんだけどおすすめの公園とかありますか？」とか「ランチ、何か美味しいものある？」など、相手の方にコンシェルジュになってもらう形で話を展開していくのもありです。

　コンシェルジュ合戦とは、地の利のある、その地域の玄人が、熱心な素人にものを教える形になるわけで、上っ面感がなく、異文化である利点を最大限生かした会話になります。盛り上がることこの上ありません。

普段よりも少し大げさに振る舞う【相手を乗せる】 4

▶日本人の感受性を前面に出していこう

　これは個人的な意見ですが、コンシェルジュの話題に添えて、日本人こそ、その繊細な感受性を表に出していくべきだと考えます。

　少し語彙の話をします。

　一般的には、各言語の90％を理解しようとするためには、フランス語なら2000語、英語なら3000語、ドイツ語なら5000語、日本語なら1万語の語彙を持つ必要があると言われているようです（冒頭で紹介しました New General Service List が示す900語は、話し言葉としての英会話を理解するための単語数になります）。非常に豊富な語彙を用いてコミュニケーションを取っているのが日本人と言ってもよいかと思います。

　コンシェルジュをしながら私たちが感じていることも併せて発信していきましょう。

「日本には『パイの実』ってお菓子があって、『サクサク』していて美味しいの。『パリパリ』じゃないし『カリカリ』でもない。『サクサク』って触感が最高なんだよ！」と私たち日本人こそ、その繊細で個性あふれる豊かな感受性を表に出していくだけで話題になります。「It's not just crispy. Not crunchy.It's more 〜 .（クリスピーというだけじゃなくて、クランチーというのも違って〜もっと〜）」と迷いながらでも身振り手振り言葉をつないでいく。細かなニュアンスをあきらめずに伝える行為は、あなたの熱意の伝達にもなりますし、それは最高の興味深いコンテンツです。そして、あなたの微笑ましい人格は相手の胸に刻まれるでしょう。

145

実践編 Practice

コンシェルジュになる話し方

ホームで迎え撃つ場合

What kind of food would you like to try in Japan? （日本でどのような食べ物を食べてみたいですか？） ビ カ 食べ物の話題は盛り上がります。まずは相手が日本でどんなものを食べたいと思っているか聞いてみるのもいいです。

Is there anything you don't want to eat? （食べたくないものはありますか？） ビ カ この言い方で「嫌い」な食べ物とベジタリアン／アレルギー等の理由で食べないモノも一気に聞けます。

Is there anything you can't eat? （食べられないものはありますか？） ビ カ と直接的に聞いてもよいです。

Any particular plan for tomorrow? （明日特に何か予定はありますか？） ビ カ 観光地やおすすめのスポットを紹介するときにまず確かめたいのがどんなプランを持っているかです。

You should visit Shibuya's scramble crossing. （ぜひ渋谷のスクランブル交差点を訪れてみてください） ビ カ should は強い言い回しに思えますが、「ぜひ行ってみてください」というニュアンスです。

おすすめのときは、You should visit ～. （ぜひ～へ行ってみてください） ビ カ You should eat ～. （ぜひ～を食べてみてください） ビ カ と興奮気味に言いましょう。

Call me anytime, if you need help. （何かお困りのことがあればいつでも私に電話してください） ビ カ 日本にいる間はぜひ相談してね。いつでも対応します、という親切な言葉ですね。

普段よりも少し大げさに振る舞う【相手を乗せる】 **4**

ホームのとき、アウェイのとき、お互い助け合ってそれぞれ滞在を素晴らしいものにする会話は楽しく有意義です！

アウェイに乗り込んだ場合

What would you recommend for dinner around here?（このあたりでの夕食でいいものはありますか？）ビ カ おすすめの夕食を聞く言い回しになります。食べ物なのかレストランなのかを限定していませんので、柔軟に会話を始められます。

　レストランを聞きたければ、

Any good place to eat around here?（このあたりでおすすめのレストランはありますか？）カ

　土地の名産を聞きたければ、

　Any famous food here?（有名な食べ物はあります？）カ も可。

I don't eat mushrooms.（きのこを食べません）ビ カ 苦手なものはきちんと言うほうが効率的です。

　Any good place to visit around here?（おすすめのスポットはあります？）カ 時間帯を指定してもいいですね。

I have free time tomorrow morning.（明日の朝予定がないのですよ）ビ カ スポットを紹介してもらうとともに、訪ねたい時間もつけ加えます。

Is there anything I don't want to miss in this town?（ここで見逃さないほうがいいものはなんですか？）ビ カ 食べ物でもスポットでも何でもいいので教えてという幅広い投げかけです。

Sounds terrific. I should try it.（すごいよさそう！ トライしてみたい）ビ カ 相手の提案に興味があったとき。

KATACHI for conversation

22 必ずメモ帳を持ち歩く

▶グローバルコミュニケーションの必須アイテムはメモ帳

　伝達の技術を具現化するのに便利な小道具があります。ビジネス英会話時の必須アイテムと言っても過言ではありません。それは、手のひらサイズのメモ帳です。ミーティングでも、はたまた会食の席でも大きな威力を発揮します。

▶発音があやふやならメモ帳の出番！

　たとえば、相手の発音したわかりにくい単語をペンを渡してメモ帳にスペルを書いてもらう。発音を聞いてもからっきしだった

ものが、スペルを書いてもらってようやく「ああ、この単語のことか」とわかることは驚くほどあります。特にひと口にネイティブと言っても地方や国によってさまざまな発音の違いがありますから、油断できません。

笑い話ですが、僕がその昔、英語力ゼロでアメリカに留学したときのことです。ようやく日常会話だけはなんとか聞き取れるくらいになってきたときのことでした。1人の留学生と知り合ったのですが、その人の発音はめちゃくちゃに聞こえて、本当に何が何だかわかりませんでした。でも、必死に喋り続ける彼。僕と同じく必死にいま英語を勉強している同志が現れたと、僕は大きく心を打たれました。僕は、彼の肩をヒッシとつかみ「一緒に英語の勉強を頑張ろう」と言いました。

ところが、きょとんとしている彼。後でわかったのですが、彼はイギリス人でした。どこか地方から来たからか、イギリス英語の中でも非常に訛りが強かったからでしょうか、アメリカ英語にだけ慣れ親しんでいた僕には、まったく別物に聞こえたのでした。同じアメリカでも地方によってだいぶ発音が変わります。聞き取りにくい音と出合うことは覚悟しておいたほうがいいかと思います。

わからなかったら、「Can you spell that for me?（スペルを書いてください）」と言い、メモ帳とペンを差し出しましょう。これが手っ取り早いです。

また、相手の発音が聞き取りにくいときだけではなく、自分の発音が通じないときにスペルを書くことも有効です。

この発音対策は当然電子辞書やスマホでもできますが、次の2つの機能に関しては、紙のメモ帳に勝るものはないかと思います。

KATACHI for conversation

22

▶視覚情報を有効活用する

　図解してビジュアルで訴えると確実に伝わる情報はいくつもあります。たとえば、ものの形を描写するときに、パッと絵で描いてしまうのが便利です。尖っているとか、ここで曲がっているとか、意外にそういった表現は英語ではパッと出てこないものです。であれば、ササッと描いてしまいましょう。

　また、簡単な地図なんかは、ビジュアルでも訴えられるぶん、図解するほうがわかりやすかったりします。目で見たぶん覚えやすいですしね。あるいはそのページをちぎってそのまま渡してもいいわけです。

　そして、もう1つ便利なのが関係性を図解することです。たとえば、よく使うのが組織図。特に日本の会社の組織は階層が多かったりして、社内の人間の関係性を言葉だけで説明し始めると大変な場合があります。そんなとき、ササッと組織図を簡潔に描いてみるとよいでしょう。「この部に私がいて、この部を統括している本部の隣の本部の副部長が山田さん」なんて言葉で言うと、なんのこっちゃとなりますが、図解すれば一目瞭然です。

▶会話の司会になるために書いて整理する

　そして、最強の使い方は、物事を整理し、論点を絞っていくことです。本来ならホワイトボードでやりたいことですが、常に大切な会話が会議室で始まるとは限りません。話し合いの中で出てきた要素を整理すること、そして論点を絞っていくこと。これらはビジュアルを使うほうが圧倒的に効果的です。**視覚的な整理を加えることで議論もより効率化され、さらに建設的になる**ことはしばしばあります。お互いが見える形で論点を整理されると、ぐ

普段よりも少し大げさに振る舞う【相手を乗せる】 4

だぐだと話がダダ流れするのを防げるわけです。

　さらに、こちらにとってよいことは、その場のペースをコント
ロールできるのです。メモ帳を持っているがゆえに論点を整理す
る係りになれたとしたら、司会になるようなものです。議論の参
加者には、「メモに論点を書き出すあなたにわかってほしい」と
いうインセンティブが働き、あなたがきちんと理解できる英語で
話すでしょう。

　一番シンプルな論点の整理の仕方は、論点のリストアップで
す。いわゆる bullet point（箇条書き）と言われるもので、大切と
思われることを順に書き出していくことです。

　備忘録的に出てきたキーワードを全部リスト化していくのも手
ですが、やはり３つくらいの論点に絞ることができると重宝され
るでしょう。論点が３つあるときは、最初に「So there are 3
points.（大切なポイントが３つあります）」と言いながら手元に
１、２、３と数字を書いちゃいましょう。丸い点を３つ書くので
は、弱いです。３つあることを明示的にしたいので、あえて１、
２、３と数字で書きつけてあげるのです。これによって１つ目を
言ったときに話がそれて、結局２つ目と３つ目を言わずに終わっ
てしまうという事態を避けられます。そこに「２」と「３」と書
いてあるので無視できないのです。そうやってメモを基点にして
自分の言うべきことを確実に伝えていきましょう。さらに論点の
整理はチャートやマトリックスを使うと便利です。次のページで
見ていきましょう。

「メモ帳」は小さくても、ビジネス英会話にとってはとても大き
なアイテムなのです。

151

実践編 practice

最強のメモ帳の使い方

1. グラフ

当然数値を入れたり線を入れたり、その気になればどんな詳細も表現できますが、まずは、2つの軸の関係が大雑把に直線グラフなのか、曲線グラフなのかを視覚的に表すだけでも議論に花を添えます。

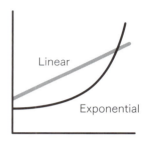

There is a linear relationship between A and B. (AとBには一次関数的な関連があります)

B's growth is exponential. (Bの成長は指数関数的です)

2. ベン図

大雑把に言うと、集合体を表す円を重ねるものですね。2つ、または3つの集合のベン図をよく見かけるかと思います。これも物事を整理するためにとても便利ですね。

A great leader should exemplify someone with both great skills and a good heart. (優れたリーダーはスキル面もマインド面も大切です)

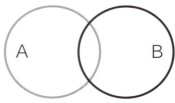

普段よりも少し大げさに振る舞う【相手を乗せる】 4

メモ帳を使って視覚情報を添えることで、一層議論が整理され、わかりやすいものに。簡単なところからぜひ！

3. 2×2のマトリックス

たとえば、ある集団を２つのまったく違う軸を２つ使って大雑把に４つのグループに分けたいときに使います。たとえば、ハンバーガーには大雑把に２種類ある。ファストフードと、高級バーガーだ。そして、それを売っているお店の形態も大きく

ハンバーガー

	都市型	郊外型
高級	【1】	【4】
ファストフード	【2】	【3】

分けると都市型と郊外店に分類される。それを２つの違う軸としてとらえると、ハンバーガー屋は右上の図のように４種類に分けることできる、という形です。

So you want to make a hamburger shop,that targets young couples?（あなたは、若いカップルをターゲットにしたバーガーショップをやりたいんだね）

Would it be a fast food shop, or an expensive one？And would it be in the city, or out in the suburbs?（それはファストフード、それとも高級店？　また、都市でやるの？　それとも郊外？）

I think one way to look at it is with this matrix.（１つの見方としては、このようなマトリックスがあると思う）

One element is whether it's fast food or expensive food.

And the other element is whether it's in the city or outside the city.（１つの軸は、高級かファストフードか。そしてもう１つの軸は、都市型か郊外型か）

So, which area would your shop fall in? 1?（この図のどこの象限のものを考えているの？　１ですか？）

153

KATACHI for conversation

23 質問を積極的に受ける

▶質疑応答はグローバルの対話に組み込まれた仕組み

　低文脈の環境で大切なことの5つ目として「質疑応答を活用する」と紹介しました。前提の共有が少ない中での会話では、質疑応答を上手に使うことが効率のよいコミュニケーションにつながります。お互いが何を知っているのかわからない中での会話では、結局、手っ取り早いのは「わからないところは随時質問してください」というスタイルです。質疑応答が会話の重要な要素となるのです。

▶質問は金

　アメリカの大学に留学していて驚いたのは、授業が生徒の質問

を前提として組み立てられていたことでした。先生が一方的に講義するのですが、少し話が前進するたびにその都度「Any questions?（何か質問ある？）」と生徒に質問します。生徒も必ず何か質問を投げます。質問もピンキリで、本質的で深い質問もあれば、「それさっき言っただろう」というような質問もありましたが、先生は嫌な顔ひとつせずに丁寧に全部を捌いていきます。質問は理解しようとしている証拠ですから、どのような内容のものでも質問は大歓迎していました。そして、大切なのは、そのような問答から得る知識が大量にあったということです。だから良質な質問をする生徒は成績でも高い評価をされていきました。

　これは教室だけのことではありませんでした。ビジネスの場でも、一緒。何か質問はありませんか？　とよく聞かれます。「とりあえずわからなかったらどんどん質問してください。質問はウェルカムです！」というスタンスが有効なんですね。

▶ 質問を受け付けないのはむしろ不誠実

　むしろ、質問を受け付けなかったり、質問に対してきっちりと回答しないことは不誠実とさえとらえられます。低文脈の対話の基礎をなす質疑応答を受け付けないということは、相手を受け入れていないのと同じですから。

　1つ困るのは、開示できない情報をどう扱うかです。自分の権限では答えられない質問がきたり、自社が秘密扱いしていることを聞かれたりすることがあります。それを恐れて質疑応答自体を拒否したり、自分の回答を誤魔化すようなことはよろしくありません。そんなときは、堂々と「I'm sorry. I cannot disclose that information.（すみません。その情報は開示できません）」と言え

ばいいのです。ご心配なく。質問が飛び交う文化では、答えられ
ないこともあるということは十分理解されていますので、開示で
きませんというのも十分誠実な回答となるのです。

▶ 相手が質問しやすい話し方をする

こちらも相手にたくさん質問をしたいわけですが、同時に相手
が質問をしやすいように会話を進めていくことも大切です。やれ
ることは2つあります。

1. 質問を誘発する仕掛けをつくる

Feel free to ask me any questions.（なんでも質問してください
ね）と会話の中で明示的に質問がウェルカムであることを宣言す
るとよいかと思います。

また、プレゼンテーションをするのであれば、質問はまとめて
最後にしてほしいか、その都度してほしいかを明示的に言うこと
も有効ですね。これで自分がやりやすい形で質問も受けられるよ
うになります。

2. 自分の意図が明確に伝わっているか丁寧に聞く

2つ目は、「私の言っていることはクリアでしょうか？」とい
う確認を小刻みに入れていくことです。

私たちもネイティブに「ちょっと待って、いまなんて言った？」
と聞きにくいように、実はネイティブも皆さんを止めて「いまなん
て言った？」とは聞きにくいからです。多くのネイティブは皆さん
が果敢に英語を喋られていることを評価し、気持ちを挫けさせた
くないと思っていますから、ちょっと聞き返しにくいのです。だ

から、こちらからいちいち聞くと相手も質問しやすくなります。

たとえば、Do you follow？（ついてきていますか ➡ 理解されていますか？）という形で、都度確認していきたいものです。

▶会話に適度な質問をはさみ、相手に質問の機会を与える

会話の途中で質問をすることは、リスナーの注意を保ち続けさせる行為になります。ビジネス・プレゼンテーションの際も聴衆に向かって、ジョークを言って笑わせるか、それがハードルが高すぎるのであれば、質問を投げることで聞き手の集中力はグンと上がります。

「今日は、東京の寿司事情について話します。さて、東京では」と入るより、「今日は、東京の寿司事情について話します。東京に行かれたことがある方はいらっしゃいますか？　お寿司の好きな方は？」と質問をすることで、聴衆は「答えを求められている」という考えるモードに入ります。一方的に話しかけられるだけだと、すーっと流れてしまいがちな情報が、「どうですか？」と聞かれたとたんに脳が動きますし、聞かれるかもしれないと思うと集中して聞いてくれます。

最初から最後までダラダラと話し続けられる講義が退屈なのと一緒です。1対1で話している際も、適度に質問をはさむことで相手の集中力は高まります。

相手からの質問を受け付ける姿勢が確立されると、話し方が変わってきます。少しでも相手が質問しやすいように、さらに物事を整理し、短い文章に砕いて話し始めるでしょう。その姿勢が低文脈に適したスタイルにあなたをシフトさせていくのです。

実践編 *Practice* 質問を誘発する仕掛け

　まず、なにはともあれ、質問はウェルカムですと意思表示をします。

Feel free to ask me any questions.
（遠慮せずになんでも聞いてください） ビ カ

I'm open to any questions.
（どのような質問も受け付けます） ビ カ

You can ask me any questions.
（どんな質問も聞いてくれて構いません） ビ カ

Your questions are always welcome.
（あなたの質問は常に歓迎です） ビ

質問はすべてプレゼンの後にしてほしい場合
Please ask all your questions after my presentation.
（質問はすべてプレゼンの後にしてください） ビ

Please hold all your questions until the end of my presentation.
（質問はすべてプレゼンの後までお待ちください） ビ

質問はプレゼンの途中でも、都度してほしい場合
You can stop me anytime, if you have any questions.
（質問があれば、いつでも止めてくださいね） ビ

If you have any questions during my presentation, please stop me and ask.
（質問が何かあれば、私を止めて聞いてください） ビ

普段よりも少し大げさに振る舞う【相手を乗せる】 4

多くの質問が出たほうが会話は効果的・建設的になります。
相手から質問を誘発するようなフレーズを多用しましょう。

会話の途中で、理解できているか聞く

Do you follow?（ついてこられてますか？）ビ カ

　あまり頻繁に使うと「わかっているの？」という感じに聞こえる
場合もあります。特にダダダッと一気に話してしまったときに使う
とよいでしょう。また、笑顔で聞けばいやらしい感じがしません。

Feel free to tell me if you do not understand.
（もしわからなかったら言ってください）ビ
Feel free to tell me if you do not follow.
（もしわからなかったら言ってください）ビ

直接質問の有無を聞く

Do you have any questions?（質問はありますか？）ビ

　相手が理解しているか不安なときは積極的に確かめたいです。

　このとき、Do you understand?（理解していますか？）は少し
無遠慮です。相手の理解力に疑問を持っているように取れなくも
ないからです。ですので、

Am I making myself clear?
（クリアーに説明できたでしょうか？）ビ

Am I making myself understood?
（理解を促すように説明できたでしょうか？）ビ

　などの、あくまで自分の説明が十分だったか、という聞き方が
より丁寧ですね。

159

5

英語であろうと、
相手は人間である

【わかり合う】
Understanding each other.

KATACHI for conversation

24 すべての人に「お先にどうぞ」の精神でリスペクトを

▶ エブリワン・ファースト

20歳でアメリカに渡って驚いたことが2つありました。

1つは、なぜかどこでも「お先にどうぞ」「お先にどうぞ」とやられたことでした。特にアメリカの建物は「前後に開くドア」が多く、先にドアに到達した人が、開けたままのドアを押さえて「どうぞ、どうぞ」と後ろから来た人（たとえ見知らぬ人でも）を全員通してから自分が通る、ということをしていました。多くのところでは、車も歩行者を優先します。みんながみんな、お先にどうぞ、お先にどうぞとやっており、なんだかとてもいいなぁ

と感じました。

「レディー・ファースト」という言葉がありますが、もうレディーだけではなくて、エブリワン・ファーストとでも言ったほうがいいのではというくらい、みんなお先にどうぞ、といった感じでした。

▶効率より思いやりを優先する

　2つ目は、よく「Take your time.（ごゆっくり）」と言われたことでした。ホスト・ファミリーの家に行ったときも、日本人の感覚からしたら、ちょっとゆったりしすぎちゃいませんか、とハラハラするくらい「ごゆっくり」と言われたものです。

　商社時代、アメリカのお客さんを訪ねたときのことです。ランチを一緒にしにいきました。その後13時からそのお客さんの上司も交えてミーティングが入っていたのですが、僕が頼んだメニューがお店側の手違いでなかなか出てきませんでした。僕は「次の約束があるから、食事はいいので、もう行きましょう」と促したのですが、お客さんは、上司に一本電話すると、店側にもクレームといったクレームもつけずにおおらかに構え、僕が急いで食べるのを「ごゆっくり」と何度も言ってくれ、デザートはどうだ？　コーヒーはどうだ？　と、かえってゆったりと過ごしました。

　日本人は、多くの場合において物事が「効率的」に進むことを望みます。順番にドアを通ったほうが効率がよければ、そうするでしょうし、後の面談が控えていたら呑気にコーヒーとは言いません。集団として効率的に動けていないときは、イライラさえするかもしれません。

KATACHI for
conversation

24

　一方で、日本人の大切なバリュー（価値観）として、おもてなしの心があります。もてなそう、と思った瞬間に、相手にゆっくりと楽しんでもらおうというスイッチがカチッと入るのではないでしょうか。

　国際ビジネスのシーンでは、多少効率を犠牲にしても、常に「相手をリスペクトする」「相手にゆったりとした時間を過ごしてほしい」という気持ちを優先します。おもてなしの心を優先させることが、よいかもしれません。

▶相手をもてなそうとする姿勢に
　国際ビジネスの本質がある

　また、この、相手をリスペクトする姿勢、もてなそうという心は、国際ビジネスの本質にもつながると思います。**国際ビジネスではお互いが違うことが価値**です。だから違うままでいい。すなわち、お互いの「ありのまま」を尊重していく姿勢が大切ということです。

　もう1つアメリカで気がついたことが、皆さん、やたらポジティブだったことです。「Let's give it a try.（とりあえずやってみよう）」という言葉もよく聞きましたし、社会全体も新しいことに対して積極的な雰囲気もあり、みんながいろいろなことにとても前向きでした。

　そして、重要なことは、自分に対してもポジティブですが、他人に対してもポジティブだったことです。他人の意見や気持ちを常に前向きに、肯定的にとらえる人が多かったように感じます。これは、ずばり、お互いのありのままを尊重している、ということだと感じました。

英語であろうと、相手は人間である【わかり合う】 5

▶リスペクトする気持ちが会話の基本

　以前、日本の研修会社の英語セミナーで「I disagree with you.（あなたの意見には反対です）」を大きな声で連呼させている場面を見たことがあります。よく「日本人は Yes ／ No をはっきり言わないから国際社会じゃダメ」という話を聞きますので、それの対処方法でしょう。あえて毅然と反論する練習をしていたのだと思います。確かに、低文脈（ローコンテキスト）の国際環境では寡黙は評価されませんので、自分の考えはバンバン表明していきたいものです。

　ただし、**雄弁になるのと、自分の考えを一方的にまくしたてるのとは違う**と思います。大切なのは「お互いが発信していく」ということです。議論の参加者としては、そのポジティブな雰囲気さえもつくり出していきたいものです。相手との信頼関係ができていない状況や、議論をする環境ができる前に「あなたの意見には同意できない」と言ったら、鼻先でドアをバシッと閉められるようなものです。相手も人間です。そのまま喧嘩になるか、それ以上の意見を出しにくくなってしまうかもしれません。

　ではどうしたらいいのかというと、たとえば、相手の意見に対してポジティブな反応をひとこと入れるだけで、会話は様変わりします。

　「You have a very good point. I also think ～（とてもいい意見だと思います。私はこうも考えます～)」などで、いったん相手の意見を好意的に受け止める。そこから自身の考えを発信する。お互いの「ありのまま」を尊重し、物事をポジティブに進めていく姿勢。これは、お互いが違うことに価値がある低文脈のグローバル社会で、とても大切なものだと思いました。

| 実践編 *Practice* | # 「お先にどうぞ」のフレーズ集 |

よく使いたい、お先にどうぞフレーズ

After you.（お先にどうぞ）ビ カ

Please take your time.（ごゆっくりどうぞ）ビ カ

Please take as much time as you wish (need).
（ぜひごゆっくりどうぞ）ビ カ

No need to hurry.（急ぐ必要はありません）ビ カ

Please make yourself comfortable.（くつろいでください）ビ カ

何かをすすめるとき

　アメリカの会議室ではリラックスして話ができるようにコーヒーやクッキー等のスイーツが並んでいることがあります。その場合多くがセルフサービスとなりますが、その際には、

Please help yourself.（お好きなものをどうぞ）ビ カ

Please help yourself to cookies.
（よろしければクッキーをどうぞ）ビ カ

　こちらで飲み物を出す場合は以下の言い回しがあります。

Anything to drink?（何か飲みますか？）カ

May I offer you anything to drink? We have coffee, tea, and water.（よろしければ何か飲まれますか？　コーヒー、紅茶、お水があります）ビ

May I offer you a ride back to your hotel?
（帰りにホテルまで車で送りましょうか？）ビ

　なお、飲み物をオファーされた際は、Thank you. と言った後に、

Just water, please.（お水だけいただけますか？）ビ カ

相手をリスペクトするためによく使いたいフレーズを集めました。
ぜひご活用ください！

May I have a cup of coffee, please?
(コーヒーいただけますか？) ビ カ

I would love a cup of coffee, please.
(コーヒーいただけますか？) ビ カ などで返すといいですね。

相手をリスペクトしながら自分の意見を言う

　反論するときも「相手の意見を認めたうえで」という前提を出していきたいものです。I disagree with you. や、I don't agree with you. といった直接的な否定は、お互いが踏み込んだ議論ができる関係になっているのであればよいでしょうが、議論慣れしていないのであれば避けたいものです。

　たとえば、

You have very good points, but I also think 〜
(とてもいいポイントですね。私も〜と思います) ビ

I love your thoughts. Can I also add my perspective?
(とても素敵な考えですね。私の見方も追加してよいですか？) ビ

You may also want to think about 〜
(こんな可能性もありますね) ビ

Let me offer you some other alternatives/thoughts/opinions/suggestions. (他の見方も出させてください) ビ

In addition to your excellent thoughts, let me offer you some alternatives.
(あなたの素晴らしいアイディアに加え、他の考え方も提示させてください) ビ

Let me offer my suggestion. (私の提案も述べさせてください) ビ

KATACHI for conversation

25 英語が苦手だから、パッションを押し込むことができる

▶**アメリカでも「謙虚さ」は尊ばれる**

　本書の最後に、一番大切だと思っていることをお話しさせてください。それは、パッションです。

　大学時代アメリカに渡ったばかりの頃に見た、『My Cousin Vinny』という映画で忘れられないシーンがあります。主人公である新米弁護士が、クライアントから「クビ」を宣告される場面です。新米弁護士は、そこから滔々と演説を始めます。自分がいかにこの仕事に向いているか、どれだけ優れているかを熱弁するのです。そして「チャンスをくれ」と言うのですが、これが「You should give it to me!（あなたは私にチャンスをくれるべき

だ)」と「should」という強い言い回しで言い切るのです。

この映画を初めて見たときには驚きました。なんせ、新米弁護士です。成果も丸っきり出していなければ、うまくいきそうな様子すらない。そんなクビを言い渡されても当然の中、「いやいや俺はこんなにすごいんだ!」と反論を始めるわけです。そして、驚くことにクライアントは、チャンスをあげてしまうのです。

このアメリカという国では、このように「俺は俺は」と言って前に出ていかないと生きていけないのか。自分がそれまで日本の社会で吸収してきた「謙虚さ」や「慎ましさ」といったものは通用しないのか、とずいぶん途方にくれたのを覚えています。

でも次第にわかりました。アメリカでも「humble(謙虚)」であることは、とても重要とされていること。ただし、==謙虚とは、言いたいことを我慢する姿勢ではなく、コップを空にして、批判も含めてなんでも吸収しようとする姿勢==であるということ。そして、「言いたいことを言わない」のは「謙虚」ではなく、ただ「逃げている」「真剣ではない」ということを。

▶どうしてもやりたいというパッションが最強

だから「その仕事をやりたい」のであれば、やりたいんだと吼えるのです。「どうしようもないじゃないか。あなたと仕事をやりたいんだから。合理的に考えてもウチの会社の提案が一番だとは思うけれど、それよりも何よりも、私はあなたとビジネスがやりたいんだ」と全面的にパッションで押し込んでいくのがグローバル・ビジネスのコツです。

僕のアメリカ人のホスト・ファーザーのボブの話です。彼が20代のとき、働いていた工場がつぶれました。ボブは一介の工

員でしたが、工場を存続させたくて、数名の仲間となんとか工場を受け継ごうとしました。でも資金がない。ボブは銀行を回りました。ある銀行マンは「君には絶対に無理だ」と言ったそうです。工場を立て直すのが大変難しい状況だったのもありますが、何よりも、ボブは腕のよい職人でしたが、経営者としての経験は皆無だったからです。しかし、ボブはこう反論しました。「あなたが自分自身ができない、というのは言ってもよいが、僕ができない、というのは言わないでくれ。なぜなら、あなたは僕のことを知らないのだから」と言ったそうです。銀行員は驚き、「そうか、では君という人間を教えてくれ」と言ったそうです。そこからボブは熱をこめて話し始めました。結局、何の知識も経験もないボブに、銀行員はパッションで押され、最後はお金を貸してくれたそうです。ボブはこの銀行員の期待に応え、見事工場を立て直しました。こんな話はごろごろしています。

　第一線で戦っているビジネスパーソンが皆口をそろえて言うとおり、**パッションは、グローバル環境において驚くほどよく効きます**。

▶グローバルの習慣を理解する。真似るのではない

　郷に入れば郷に従うという言葉があります。訪問した国や地方の慣習や文化をリスペクトすることは非常に大切だと思います。ただし忘れたくないのは、私たちは、単に相手の国の真似をするためにわざわざ海を渡るわけではないのです。自国だけでは成し得ない何か新しい価値をつくり出すために、海を渡るのです。そこで、遠慮ばかりしていては何も生まれません。受け身になるだけでなく、自分から主導権をとるのです。

英語であろうと、相手は人間である【わかり合う】 5

　新しいことをやろうとするとき、つまり不確定なことを始める
とき、人は不安に思います。そんな状況では、最後はあなたを信
じるしかありません。あなたの何を信じるか。合理的な説明も当
然大切です。しかし、理屈だけでは不確定な未来は説明しきれま
せん。そんなとき大切なのは、あなたの熱意です。パッションで
す。やりたいんだという気持ちです。

▶ パッションを伝えるのも「カタチ」から

　最後に押し込まなければならないものがパッションなのです。
相手を動かすものはパッションなのです。

　People like to speak heart to heart.（人は、心と心で話す）

　私たちはネイティブのように綺麗に英語を話しません。

　そのぶん、身振り手振り、全身全霊を総動員して「伝達の技
術」でもって相手に訴えていきます。ありとあらゆるものを使っ
て自分たちの想い、相手に対する興味、何か一緒につくり出して
いきたい気持ちを伝えます。これでもか、というくらいにです。

　その姿勢こそがパッションそのものになるのです。

　澄ました顔した冷めた人間じゃない。英語は少し苦手かもしれ
ないけれど、熱い熱いマグマを抱えた人間であり、それを体全体
に乗せて届けるのです。

　そうです。この本でご紹介したアイコンタクトからはじまる会
話の「カタチ」の数々を、きちんと、大振りに、そして自信を
もって行っていくことで、==あなたのパッションが「カタチ」と
なって相手を動かしていく==のです。躊躇せず、全身全霊で「カタ
チ」の数々を実践していきましょう！

おわりに
―― 英語は「そのうち」うまくなればいい……

▶「ハンバーガー」が通じない

僕は日本で生まれ、20歳まで静岡県で育ちました。

そもそも海外とはほとんど縁がない人生でしたし、なにより英語は大の苦手でした。高校3年間の通算で6回も英語の赤点をもらったほどでした。

ただ、ひょんなことから、無謀にもアメリカの大学に留学します。20歳で生まれて初めて飛行機に乗ってアメリカに渡ったのでした。

英語力ほぼゼロでのアメリカの大学への留学。

渡米した当日の最初のご飯はマクドナルドでしたが、残念ながらハンバーガーもポテトも注文できませんでした。

最初の6週間は英会話学校にいったものの、そこからすぐに4年制の大学です。英語力はゼロに等しい。実践の中で試行錯誤しながら進んでいくしかありませんでした。

最初の授業では、終始、自分が正しい教室にいるかもわからないほどの英語力でした。

言葉を理解できない。想いの半分も表現できない。大学生という自分の本分をまっとうするために必要な語学力が、圧倒的に足りない。想像を超える大変な世界でした。

当然楽しいこともたくさんありましたが、もがき、苦しみ、情けなくて、せつなくて、寂しくて、泣いたことさえあります。それでも勉強についていかなくてはならない。連日の徹夜での勉強

おわりに

に加え、授業の後は毎回欠かさず教授の部屋を訪ねていく毎日。訳を書きまくった教科書はぼろぼろに、辞書は引きすぎて肥大化していきました。

▶ 言葉が通じないと工夫をする

僕は、そんなハードな形で英会話を身につけていきました。

言葉が通じなければさまざまな工夫をします。必死に相手の興味をつなぎとめよう、自分の想いをなんとか伝えよう。自然と表現は大きくなりますし、全身全霊で体当たりしていきます。それは僕に限ったことではありません。多かれ少なかれ、語学が苦手な人が海外留学や駐在などで海外に行けば身につけていくものです。語学力が低くても勝っていく、大げさに言えば、生き延びるための知恵の数々です。それをまとめたものが本書になります。

少し話を戻しますが、英語力ほぼゼロでアメリカの大学生となった僕はもがき続け、幸運にも教授をはじめとした周りのさまざまな方々が温かくサポートしてくれたことで、なんとか最初の１年を生き残れました。

嬉しいニュースがありました。大学１年のすべての授業の成績でＡを取れたのです。オールＡです。日本で落ちこぼれていた僕がです。

それどころか、驚くことに、政治学部が「最優秀生徒」として、奨学金までくれるという事態になりました。そこまでいくと素直に喜ぶよりは、正直、戸惑いました。

理由は僕の英語力です。

173

▶「英語はコミュニケーションの道具にすぎない」

僕の英語力はまだまだでした。知らない単語も表現もまだまだたくさんある。リスニングもまだまだ。発音もめちゃくちゃ。文法なんて気にする暇さえない。かなりブロークンだし、身振り手振り、全身全霊で当たってくだけろの泥臭い英語です。当然、テストの回答にもスペルミスや文法間違いも多々あったでしょう。表現も平易すぎたでしょうし、留学生なので「英和辞典を持ち込んでもいい」というハンディまでもらって受けたテストでした。クラスでも一生懸命発言しましたが、その英語はめちゃくちゃでしょうし、つまり大学生としては、不十分な英語力だと思っていました。

だから、学部長の教授に会いに行き、率直に言いました。「僕の英語力で、奨学金をもらうのはおかしいのではないか」と。

教授は目を見開いて、不思議そうに、「英語力？　なんで英語力が関係あるんだ？」と言いました。

そして、続けました。「君はだれよりも一生懸命取り組み、クラスで熱意をもって発言し、そしてだれもよりも教科について理解していた。賞をもらって当然だよ。英語はコミュニケーションツールにすぎない。そのうちうまくなればいい」と。

この言葉を聞いた瞬間、「英語」というものの役割や本質が、自分なりに見えた気がしました。

——英語なんてツールにすぎない。

大切なのは、それを使って何をするか。

当たり前のようですが、英語、英語、英語となっていた自分からしたら忘れがちになっていたものでした。

おわりに

▶ビジネス英会話に必要な英語力は、すでに備わっている

泥臭くても、いい。まずは、下手な英語でもいいから本分を
まっとうしよう。英語はそのうちうまくなればいい。そう割り切
れた瞬間でした。

日本の英語教育には賛否両論あるかもしれませんが、少なくと
もビジネス英会話を始めるには十分すぎるほどの基礎英語力を与
えてくれています。あとは、伝達するだけです。恐れず、会話を
始めていきましょう。僕たちには必ず喋れるための力がすでに備
わっているのです。

最後に、本書のもととなった僕たちのビジネス英会話力の突貫
工事プログラム、イングリッシュブートキャンプを共同開発した
ヒューマンリンク社の皆様、本プロジェクトのコアメンバーの阿
部竜一さん、川元裕太さん、下山廣平さん、ウォーカー・ピー
ターソンさん、そして、本書作成にあたりアドバイスをくれた
ハーバード・ビジネス・スクール同期である公森賢一郎さん、竹
川隆司さん、渡辺雄介さんに心から御礼を申し上げます。

そして、最大限の感謝を同キャンプの卒業生の皆様に贈らせて
いただきます。まだ実績もない頃から僕たちを信じてこのプログ
ラムに参加し、最後まで全力で受講してくださった皆様の勇気・
行動力・ハードワークが新しい形の英会話教育を進化させてくだ
さいました。

本当にありがとうございました。

2016 年 7 月

児玉教仁

［著者］児玉 教仁（こだま　のりひと）

1972年、静岡県生まれ。20歳で初渡米。1996年、バージニア州ウィリアム・アンド・メアリー大学を経済・政治のダブル専攻で卒業。1997年三菱商事株式会社入社。2004年よりハーバード・ビジネス・スクールに派遣され、2006年、同校よりMBAを取得。三菱商事帰任後は日米に拠点を持つIT子会社を立ち上げCEOに従事。2011年7月に三菱商事を退社。グローバルアストロラインズ社を立ち上げる。「グローバルで活躍するリーダー人材」を育成することを目指し、ベンチャーから大手まで様々な企業の人材育成と真剣に向き合うなかで感動を切り口にしたインタラクティブなプログラムを確立。主宰する「イングリッシュブートキャンプ」では、延べ1000人の受講者を「英語が話せるビジネスパーソン」に変えた実績を持つ。著書に『パンツを脱ぐ勇気』（2011年、ダイヤモンド社）がある。

英語の勉強は後まわし!
"カタチ"から入るビジネス英会話

2016年8月4日　第1刷発行

著　者──児玉教仁
発行所──ダイヤモンド社
　　　　〒150-8409　東京都渋谷区神宮前6-12-17
　　　　http://www.diamond.co.jp/
　　　　電話／03・5778・7228（編集）　03・5778・7240（販売）
ブックデザイン─松好那名（matt's work）
イラスト ──しまだなな
製作進行──ダイヤモンド・グラフィック社
印刷────勇進印刷（本文）・慶昌堂印刷（カバー）
製本────本間製本
編集担当──岩佐文夫

Ⓒ2016 Norihito Kodama
ISBN978-4-478-10069-1
落丁・乱丁本はお手数ですが小社営業局宛にお送りください。送料小社負担にてお取替えいたします。但し、古書店で購入されたものについてはお取替えできません。
無断転載・複製を禁ず
Printed in Japan